LA FAMILLE

SCÉNARIO
SUZANNE PRIVAT

DESSIN ET COULEUR
TRISTAN GARNIER

DELCOURT/ENCRAGES

Pour préserver l'anonymat des personnes,
et à l'exception d'un patronyme déjà largement diffusé,
l'autrice a choisi d'utiliser des noms d'emprunt.
En conséquence, les noms Boucher, Brin, Cavagne,
Delahaye, Dréau, Dupray et Pincemin ne correspondent
en aucun cas à des personnes appartenant
à la communauté la Famille.

BZZZZZZZZZZZ...
CLAC !
CLAC !

BVVV-BVV...

NUMÉRO
INCONNU
+33169465708
BVVVV...
TIP !
SHI-SHI
HHUSH

BVVVV...
BVVVVVVVV...
NUMÉRO INCONNU +33169465708
BVVV...
TIP !
QU'EST-CE QU'ELLE A LA DAME ?

SON ÉTAT S'EST DÉGRADÉ TRÈS VITE. IL N'A PAS SOUFFERT.
IL NE VOULAIT VOIR PERSONNE MAIS NOUS A DEMANDÉ DE VOUS PRÉVENIR QUAND CE SERAIT FINI.
JE SUIS DÉSOLÉE.

DOMICILE
CONJUGAL

BVUUUUU VUUU
ECTIONS!
SAUVONS L'ÉDUCATION
...
ALORS, C'EST LE GRAND JOUR ?

ANTOINE VAN DER VELDE ?
PRÉSENT !
PAUL HERZOG ?
PRÉSENT !
GALITÉ
TERNITÉ
ABEL BOUCHER ?
PRÉSENT !
LIBE
ÉLIE PINCEMIN ET ANTONIN PINCEMIN, JUMEAUX ?

NON, JUSTE COUSINS.
Élie
Antonin
ET ELLE AUSSI C'EST LEUR COUSINE !
ALORS, CE BAPTÊME DU FEU ?
COOL. DES SIXIÈMES TOUT TIMIDES ET DES QUATRIÈMES CALMES.
CROIS-MOI, ÇA NE VA PAS DURER.

AH SINON, UNE QUESTION : C'EST QUOI TOUS CES PINCEMIN ET CES CAVAGNE ? SUR QUATRE CLASSES, J'EN AI TROIS DE CHAQUE !
C'EST NORMAL, TU VAS T'Y HABITUER. DES CAVAGNE ET DES PINCEMIN, IL Y EN A PLEIN LE QUARTIER.
C'EST UNE GRANDE FAMILLE, GENRE MORMONS OU AMISH.
TU AS AUSSI UN OU DEUX THIBOUT CHAQUE ANNÉE.
ET PARFOIS DES DELAHAYE, DES BOULANGER OU UN TRUC DU GENRE...
ÇA FAIT BEAUCOUP, NON ?
J'AI ENTENDU DIRE QU'ILS SERAIENT PRÈS DE 3 000 DANS TOUT PARIS.

EVE BOUCHER NÉE LEVY
1960-1999
JEAN-MARC BOUCHER
1959-2019
PAPA, T'AIMAIS PAS LES PLANTES EN POT NI LES FLEURS. TU AURAIS DIT QUE ÇA FAIT PÉDÉ. JE T'AI TROUVÉ DES CHARDONS. ILS TE RESSEMBLENT.
J'AURAIS PU T'OFFRIR DES ORTIES MAIS ÇA FANE TROP VITE.
T'EMMERDERAS PAS TROP MAMAN, HEIN ? ÇA FAISAIT VINGT ANS QU'ELLE ÉTAIT TRANQUILLE.

JE FAIS VITE.
CLIC

HÉRODOTE
HISTOIRES

SALOME
FIGHT LIKE
Salomé

AU PAYS DE TSINGTAO
TU SAIS CE QU'IL Y A DANS LE PAQUET ?
NON.
TU NE VEUX PAS SAVOIR ?
NON.

ENFIN, PAS TOUT DE SUITE. LÀ, J'AI BESOIN DE TEMPS. LE PASSÉ ATTENDRA UN PEU.
IL NE LE QUITTAIT JAMAIS. IL DISAIT QUE C'ÉTAIT SON PASSEPORT POUR LA LIBERTÉ.
SA BITE ET SON COUTEAU.
EN FAIT, IL S'EN SERVAIT SURTOUT POUR SCULPTER DES PETITS ANIMAUX EN BOIS ASSEZ MOCHES.
IL NE VOULAIT JAMAIS ME LE PRÊTER, CE COUTEAU. MAIS IL M'A PROMIS MILLE FOIS QU'IL M'EN FERAIT FAIRE UN COMME LE SIEN.
BIEN SÛR IL A AVALÉ SA PROMESSE, COMME TOUTES LES AUTRES.
T'AS VU ? LE FABRICANT DU COUTEAU, IL S'APPELAIT COMME TON PÈRE !
Boucher Frères 1990

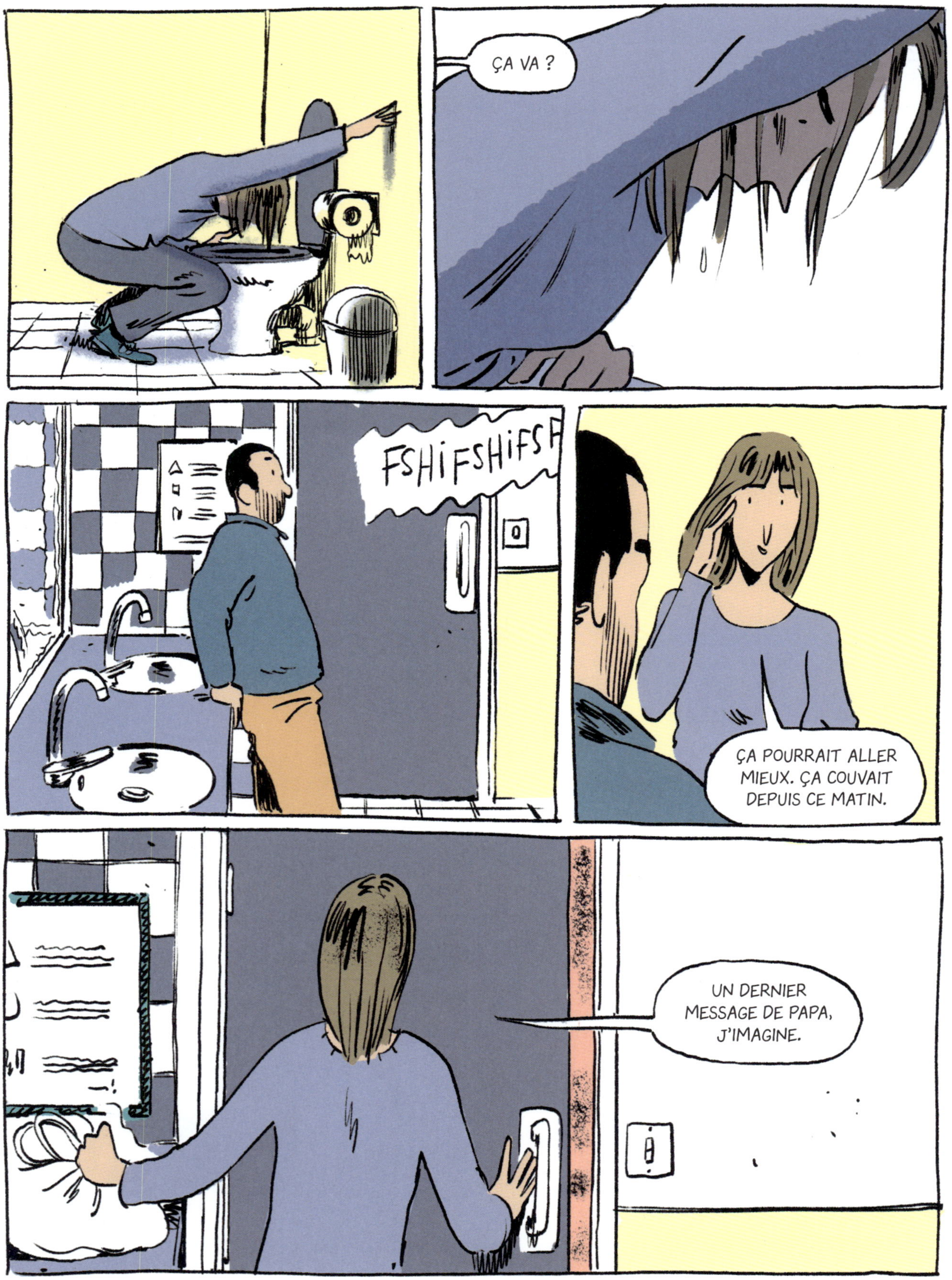
ÇA VA ?
FSHIFSHIFSH
ÇA POURRAIT ALLER MIEUX. ÇA COUVAIT DEPUIS CE MATIN.
UN DERNIER MESSAGE DE PAPA, J'IMAGINE.

Vie Scolaire
Le Métier de vos Rêves
Archéolog
Youtubeur
Pompier
Dessinateur de Manga
Plombier
Expert Comptab
Infirmière
TRÈS BIEN, MERCI.
ANDY ALVANO
Elise Cavagne
ET TOI ?

MOI JE VEUX ME MARIER, ÉLEVER MES ENFANTS D'ABORD ET PEUT-ÊTRE VENDRE DES FLEURS.
SÉRIEUX ? T'AS PAS D'AUTRES RÊVES DANS LA VIE ?
ET TOI, ABEL ?
MOI, JE RÊVE DE FABRIQUER DES COUTEAUX COMME MON PAPY.
Abel Boucher

DIS, ABEL, TON GRAND-PÈRE IL FABRIQUE TOUJOURS DES COUTEAUX ?
OUI, MADAME.
J'AI UN COUTEAU EN MAUVAIS ÉTAT. TU CROIS QU'IL POURRAIT ME LE RÉPARER ?
JE SAIS PAS, MADAME, IL FAUDRAIT LUI DEMANDER.

C'EST RIGOLO, PARCE QUE CE COUTEAU APPARTENAIT À MON PÈRE ET LUI AUSSI IL S'APPELAIT BOUCHER.
OUI, MADAME.
À MERCREDI, MADAME.

SCRRRRRRR...

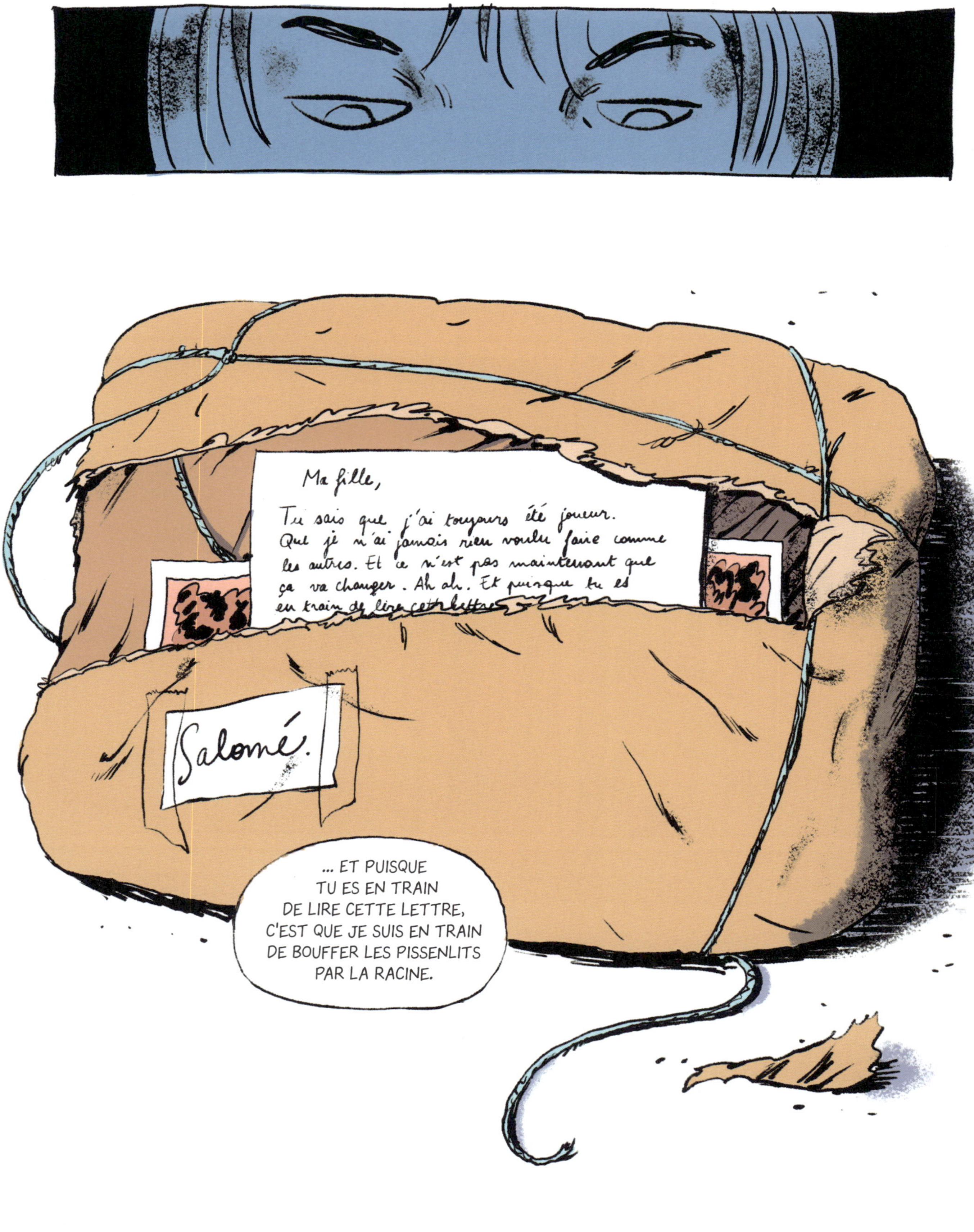
Ma fille,
Tu sais que j'ai toujours été joueur. Que je n'ai jamais rien voulu faire comme les autres. Et ce n'est pas maintenant que ça va changer. Ah ah. Et puisque tu es en train de lire cette lettre
Salomé.
... ET PUISQUE TU ES EN TRAIN DE LIRE CETTE LETTRE, C'EST QUE JE SUIS EN TRAIN DE BOUFFER LES PISSENLITS PAR LA RACINE.

CLIC
CLIC CLAC
ALORS C'EST PAR-DELÀ LA MORT QUE JE TE PROPOSE UN ULTIME JEU DE PISTE, COMME CEUX QUE JE T'ORGANISAIS À CHAQUE ANNIVERSAIRE.

TU DOIS T'EN SOUVENIR, C'ÉTAIENT LES SEULS MOMENTS OÙ JE RESSEMBLAIS À UN VRAI PÈRE.

OÙ JE NE ME COMPORTAIS PAS COMME LE CENTRE DU MONDE, OÙ JE N'ESSAYAIS PAS DE FUIR.
JE CROIS QUE JE TE DOIS QUELQUES EXPLICATIONS.

JE VAIS TE LES LIVRER À L'AIDE DE CE PETIT CALENDRIER DE L'APRÈS. CALENDRIER DE L'AVENT/CALENDRIER DE L'APRÈS... TU SAISIS ? NE TE MOQUE PAS, JE SUIS ASSEZ FIER DE MA TROUVAILLE.
DANS LE PAQUET, TU TROUVERAS DES ENVELOPPES QUI COMPORTENT CHACUNE UN PETIT BOUT DE MON HISTOIRE, QUI EST AUSSI TON HISTOIRE. MAIS TU VAS DEVOIR BOSSER, JE NE VAIS QUAND MÊME PAS TE LIVRER TOUT SUR UN PLATEAU.
Pardailhan, 1961.
Quatrième à gauche, ta marraine Claude Pincemin.
Tout à droite, ton grand-père est à côté de nous, au milieu du second rang.

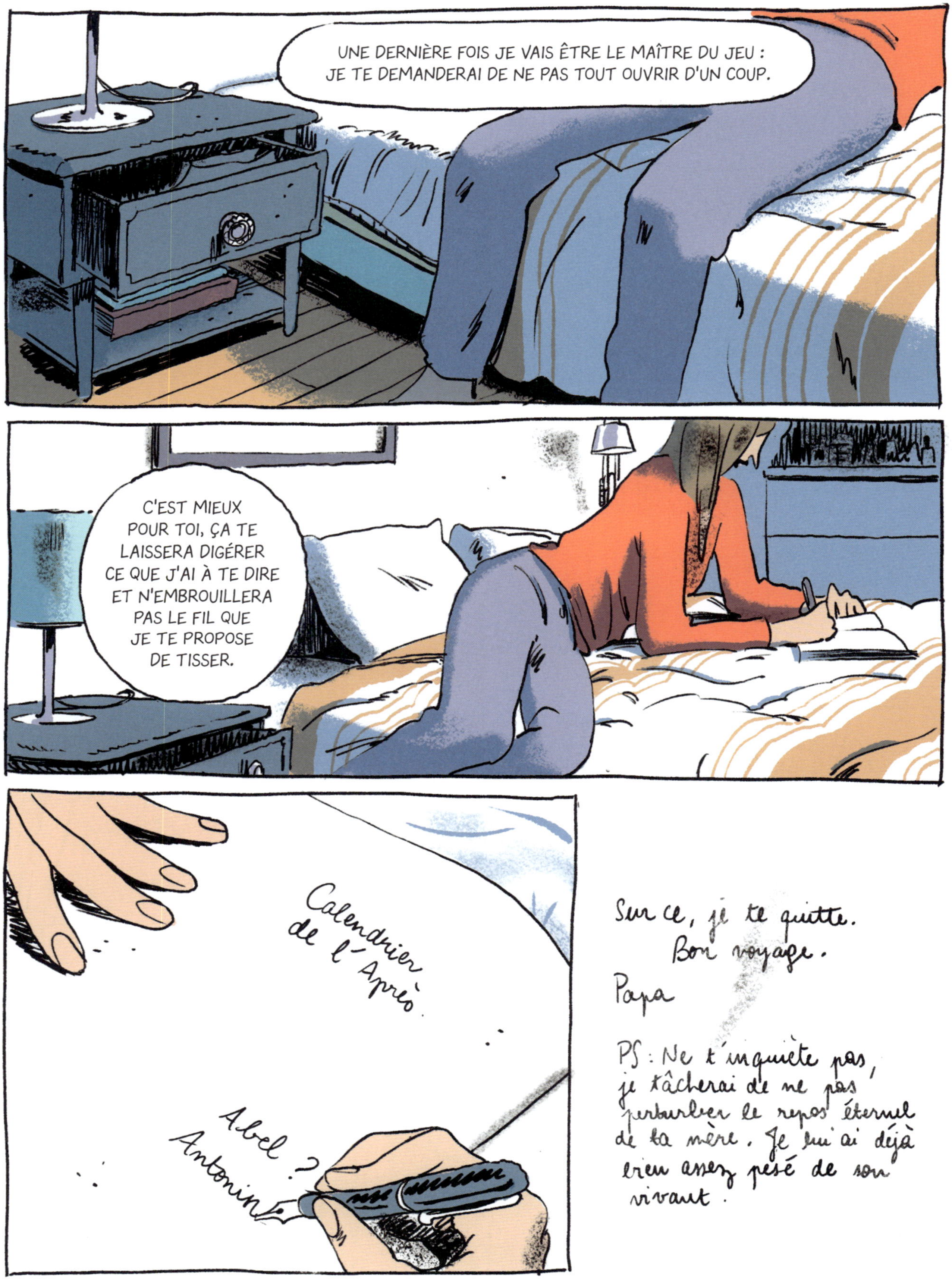
UNE DERNIÈRE FOIS JE VAIS ÊTRE LE MAÎTRE DU JEU : JE TE DEMANDERAI DE NE PAS TOUT OUVRIR D'UN COUP.
C'EST MIEUX POUR TOI, ÇA TE LAISSERA DIGÉRER CE QUE J'AI À TE DIRE ET N'EMBROUILLERA PAS LE FIL QUE JE TE PROPOSE DE TISSER.
Calendrier de l'Après
Abel ? Antonin
Sur ce, je te quitte. Bon voyage.
Papa
PS : Ne t'inquiète pas, je tâcherai de ne pas perturber le repos éternel de ta mère. Je lui ai déjà bien assez pesé de son vivant.

Abel ?
ntonin ?

THIBOUT PINCEMIN PARDAILHAN
TIP TIP TIP TIDIP TIP TIP TIP TIP TIDIP
EN 1960, UN GROUPE DE 80 PERSONNES...
... DE L'EST PARISIEN S'INSTALLENT À PARDAILHAN, UN VILLAGE MORIBOND DE L'HÉRAULT, POUR Y CRÉER UNE COMMUNAUTÉ DE VIE ET DE TRAVAIL.

LEUR GUIDE, C'EST VINCENT THIBOUT. 34 ANS.

IL A PASSÉ DEUX ANS DANS UN KIBBOUTZ EN ISRAËL ET IL RÊVE DU MÊME MODÈLE POUR PARDAILHAN.

C'ÉTAIT UN VILLAGE QUI SE MOURAIT. ALORS, QUATRE-VINGTS PERSONNES QUI OCCUPENT TOUTES CES MAISONS FERMÉES, LES DAMES QUI TISSENT LA LAINE, L'AGRICULTURE, LES POULAILLERS, LES ENFANTS, ÇA CRÉE UNE VIE, VOUS VOUS RENDEZ COMPTE ?
J'AI EU L'IMPRESSION D'ÊTRE DANS UN FILM SUR LES MORMONS.
ILS AVAIENT TROUVÉ LE HAVRE DE LEUR VIE, LOIN DE PARIS, DE LA POLLUTION, DE L'ARGENT. ILS AVAIENT L'AIR ÉPANOUIS, PLUS LES HOMMES QUE LES FEMMES, D'AILLEURS.
DES PERSONNES NOUS ONT DIT QU'ILS APPARTENAIENT À UNE SECTE QUI S'APPELAIT LES FLAGELLANTS DE SAINT-MÉDARD. MAINTENANT, CES FLAGELLANTS, JE NE SAIS PAS CE QU'ILS FLAGELLAIENT, MAIS ENFIN...

ILS SONT DÉCALÉS, CES GOSSES, NON ?

ENTRE CELUI QUI VEUT FAIRE TOUT COMME SON GRAND-PÈRE ET CELLE QUI RÊVE DE SE MARIER ET D'AVOIR DES ENFANTS, JE ME DEMANDE DANS QUEL SIÈCLE ILS VIVENT.
TU FERAIS PAS UNE PETITE FIXETTE SUR NOS JEUNES AMIS ?
TE PLAINS PAS, AU MOINS, CEUX-LÀ, ILS PARLENT.
L'ANNÉE DERNIÈRE J'EN AVAIS UN DONT JE N'AI JAMAIS ENTENDU LA VOIX.
MAIS EN VRAI, ELLE RESSEMBLE À QUOI, LEUR VIE ? VOUS SAVEZ, VOUS ?
ILS SONT À COMBIEN SUR L'ÉCHELLE DE L'AMISH ?

BEN ÇA DÉPEND. Y EN A QUI SONT COINCÉS EN 1950.
BONJOUR MONSIEUR, AU REVOIR MONSIEUR.
SHORTS EN HIVER, GODILLOTS ET CARTABLES À L'ANCIENNE.
ET D'AUTRES, RIEN À VOIR. T'AS VU LE GROUPE SUR L'HERBE EN FACE DE NOUS TOUT À L'HEURE ? JE TE METS MA MAIN À COUPER QUE C'ÉTAIT QUE DES PINCEMIN, BOUCHER ET CONSORTS.
LES FILLES LE BIDE À L'AIR QUI VIVAIENT LEUR MEILLEURE VIE ?
YEP.

ET DANS DEUX ANS MES COINCÉS
ET CES FILLES-LÀ SE RETROUVERONT TOUS À DANSER
JUSQU'AU BOUT DE LA NUIT DANS CE BAR, JUSTE LÀ.

J'HABITAIS À CÔTÉ,
AVANT, J'EN POUVAIS
PLUS D'ENTENDRE LES
THIBOUT MASSACRER
ADELE À PLEINE VOIX.

BOUCHER frères
GLING GILIING
BONJOUR.
J'AI TROUVÉ VOTRE ADRESSE SUR INTERNET. VOILÀ. MON PÈRE POSSÉDAIT UN COUTEAU BOUCHER. IL S'EN SERVAIT TOUT LE TEMPS ET IL Y TENAIT PLUS QUE TOUT. IL VIENT DE MOURIR... ET JE VOUDRAIS LE FAIRE RÉPARER POUR POUVOIR CONTINUER À L'UTILISER. IL EST VRAIMENT ABÎMÉ.

EST-CE QUE VOUS POURRIEZ FAIRE QUELQUE CHOSE POUR LUI ?
IL L'A PAS MÉNAGÉ, SON COUTEAU, VOTRE PÈRE. RAREMENT VU UNE PIÈCE DANS UN TEL ÉTAT.
JE NE VAIS PAS POUVOIR FAIRE GRAND-CHOSE.
MON PÈRE M'A TOUJOURS PROMIS DE M'OFFRIR UN COUTEAU NEUF, MAIS IL N'EN A PAS EU LE TEMPS. ALORS JE VOUDRAIS POUVOIR AU MOINS ME SERVIR DU SIEN...
JE VEUX BIEN ESSAYER DE VOIR CE QUE JE PEUX FAIRE. VOUS ME LE LAISSEZ, JE REGARDE ET JE VOUS FAIS UN DEVIS. ÇA VOUS VA ?
OUI, BIEN SÛR !

Boucher Frères 1980
Boucher Frères 1980
Boucher Frères 1980

ON DIRAIT QUE C'EST UNE HISTOIRE DE FAMILLE, VOTRE COUTELLERIE...
ET C'EST VOUS SUR LA PHOTO, LÀ ? DANS LA BOUTIQUE ?
NON, C'EST MON FRÈRE. MOI J'ÉTAIS À PEINE NÉ À L'ÉPOQUE.
AH OUI, BOUCHER FRÈRES, C'EST ÉCRIT EN TOUTES LETTRES, POURTANT.
HA HA !
S'IL VOUS PLAÎT, JE PEUX AVOIR VOTRE MAIL OU VOTRE NUMÉRO DE TÉLÉPHONE POUR QUE JE VOUS DISE SI JE PEUX FAIRE QUELQUE CHOSE ET QUE JE VOUS DONNE LE PRIX ?
C'EST MADAME... ?
DREYFUSS. SALOMÉ DREYFUSS.

DOMICILE
CONJUGAL
JE VAIS
ME COUCHER,
JE DORS DEBOUT.
YOU HAVE
BEEN KILLED
J'ARRIVE...
MAMAN.

HÉRODOTE
HISTOIRES

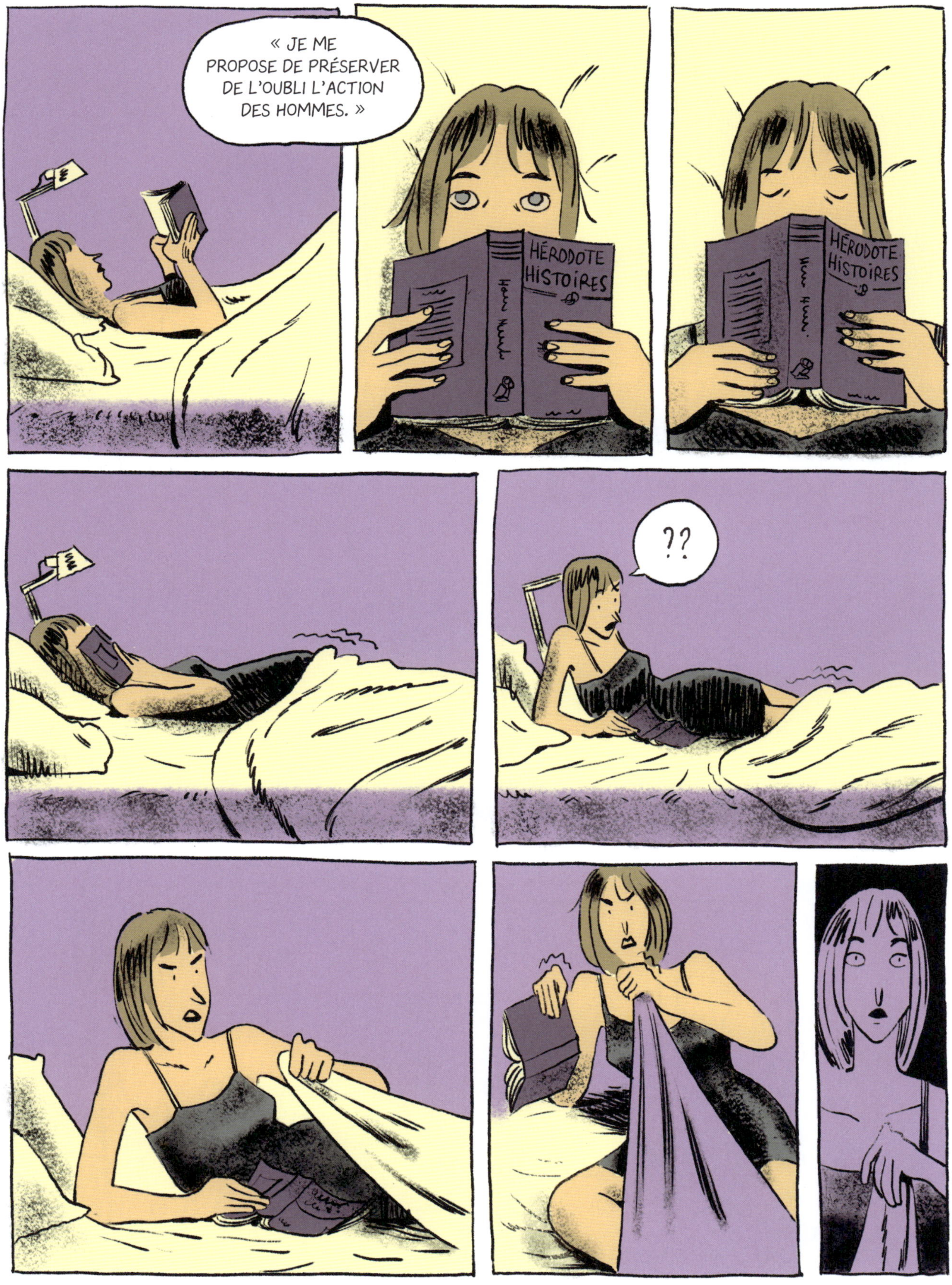
« JE ME PROPOSE DE PRÉSERVER DE L'OUBLI L'ACTION DES HOMMES. »
HÉRODOTE HISTOIRES
HÉRODOTE HISTOIRES
??

JE ME PROPOSE DE PRÉSERVER DE L'OUBLI LES ACTIONS DES HOMMES.

BOUCHER Frères

Frères

Hiii !
J'ARRIVE...
MAMAN.
POF

DOMICILE
CONJUGAL
ÇA VA ?
TU AS LA NAUSÉE
DU FUTUR PAPA ?
PAS
BEAUCOUP
DORMI.

TU AS TORT, FAUT PROFITER DES NUITS TANT QU'ON PEUT !
BEN C'EST PAS RIEN D'APPRENDRE QUE JE VAIS ÊTRE PÈRE.
J'AI DU MAL À RÉALISER.
BON, EUH, EN FAIT, J'ARRIVAIS TELLEMENT PAS À DORMIR QUE J'AI VOULU ÉCOUTER LE PODCAST DONT TU M'AS PARLÉ, SUR LE KIBBOUTZ DE TON PÈRE.
C'EST FOU, NON ?
LE PLUS FOU, C'EST PAS CE PODCAST-LÀ, C'EST CELUI QUE J'AI TROUVÉ ENSUITE...
IL Y EN AVAIT UN AUTRE ?
OUI, BEAUCOUP MOINS FUN.
TU M'EXPLIQUES ?
L'ÉMISSION DONT TU M'AS PARLÉ PRÉSENTE LE KIBBOUTZ COMME L'AVENTURE UN PEU EXOTIQUE D'UNE BANDE DE GENTILS OUVRIERS PARISIENS MOITIÉ HIPPIES, MOITIÉ ILLUMINÉS... MAIS L'AUTRE, C'EST LE CÔTÉ OBSCUR DE L'HISTOIRE.

ENTRE EUX, ILS S'APPELLENT LA FAMILLE.
LA FAMILLE, C'EST SEULEMENT HUIT NOMS : THIBOUT, PINCEMIN, CAVAGNE, DRÉAU, DELAHAYE, DUPRAY, BRIN ET BOUCHER, COMME TON PÈRE.
ILS SONT ENVIRON 3000, RÉPARTIS DANS LE XIE, LE XIIE ET LE XXE ARRONDISSEMENT DE PARIS.
FAMILLE LAND
17e
8e
9e
2e
1e
3e
16e
7e
4e
11e
20e
6e
5e
15e
12e
14e
13e
3000, POUR 8 NOMS ?
ILS SE MARIENT ENTRE EUX ET SEULEMENT ENTRE EUX DEPUIS 130 ANS. ET COMME ILS FONT BEAUCOUP D'ENFANTS, PARFOIS PLUS DE DIX PAR COUPLE, ÇA MONTE VITE.
ILS NE VEULENT RIEN AVOIR À FAIRE AVEC NOUS, LE RESTE DU MONDE. ILS NOUS APPELLENT LES GENTILS.
ET C'EST GRAVE D'ÊTRE GENTIL ?
C'EST GENTIL COMME GENTILITÉ, PAS COMME GENTILLESSE ! C'EST UN CONCEPT QUI VIENT DE LA TRADITION JUIVE, ET DÉSIGNE L'ENSEMBLE DES PEUPLES PAÏENS.
DANS LA FAMILLE, LA GENTILITÉ, C'EST TOUS CEUX QUI NE SONT PAS DE LA FAMILLE. ILS VIVENT À CÔTÉ DE NOUS, MAIS PAS VRAIMENT AVEC NOUS.

COMME LE PETIT PINCEMIN DANS MA 6E3. IL EST TOUT SEUL TOUT LE TEMPS, MAIS ÇA N'A PAS L'AIR DE LE DÉRANGER.
DÈS L'ENFANCE ILS APPRENNENT QUE ÇA NE SERT À RIEN DE NOUS FRÉQUENTER. QUE C'EST BEAUCOUP MIEUX DANS LA FAMILLE, OÙ TU AS PLEIN DE COPAINS QUI TE SONT OFFERTS DÈS LA NAISSANCE ET TOUS SERONT PARTANTS POUR T'AIDER SI TU AS LE MOINDRE SOUCI.
SEULEMENT, ÇA TE LAISSE UN TOUT PETIT TERRAIN DE JEU, ET ON TE FAIT BIEN COMPRENDRE QUE TU N'AS PAS INTÉRÊT À ALLER VOIR AILLEURS. SINON, TU N'ES PLUS VRAIMENT LE BIENVENU. TU DOIS QUITTER LA FAMILLE.
PLUS DE FÊTES, PLUS DE VACANCES TOUS ENSEMBLE. ET TES PARENTS ET TES FRÈRES ET SŒURS DEVIENNENT DES ÉTRANGERS.
ET COMME LA FAMILLE C'EST TA SEULE RÉFÉRENCE DEPUIS QUE TU ES BÉBÉ, C'EST COMME SI TU ÉTAIS JETÉ DANS LE GRAND BAIN SANS AVOIR APPRIS À NAGER.

C'EST CE QUE RACONTAIENT LES ANCIENS DE LA FAMILLE QUI TÉMOIGNAIENT DANS LE PODCAST. DEDANS TU ÉTOUFFES, DEHORS TU TE NOIES. EN PLUS TU AS LA SENSATION D'AVOIR TRAHI LES TIENS.
TOUT ÇA N'A QU'UN SEUL BUT : GARDER LA FAMILLE LA PLUS PURE POSSIBLE AUX YEUX DE DIEU.
MAIS DIEU, IL EST HARDCORE. DÈS TA PLUS TENDRE ENFANCE ON TE DIT QU'IL PUNIT CRUELLEMENT LES MOINS MÉRITANTS. SI TU PARLES TROP DE LA FAMILLE À QUELQU'UN DE LA GENTILITÉ, SI TU COMMETS DES PÉCHÉS, TA GRAND-MÈRE PEUT MOURIR OU TON PETIT FRÈRE VA TOMBER MALADE, DES TRUCS COMME ÇA.
ATTENDS, TU AS BIEN DIT QU'ILS AVAIENT PLUS DE 100 ANS DE MARIAGES CONSANGUINS DERRIÈRE EUX ?
130 ANS, EXACTEMENT. PAS LA MOINDRE GOUTTE DE SANG EXTÉRIEUR DANS LEURS VEINES.
MAIS ÇA NE PEUT PAS ÊTRE SANS CONSÉQUENCE SUR LA SANTÉ !
BEN NON. D'AILLEURS, DANS LE PODCAST TOUS LES TÉMOINS PARLENT DE HANDICAPS TROP FRÉQUENTS ET DE MALADIES QUI CIRCULENT DE GÉNÉRATIONS EN GÉNÉRATIONS.

IL Y EN A UNE QU'ILS APPELLENT "LES JOUES ROUGES". UNE VRAIE SALOPERIE, CE TRUC.
LES ENFANTS QUI L'ONT SONT TROP PETITS, ONT PLEIN DE TROUBLES PHYSIQUES ET BEAUCOUP PLUS DE RISQUES QUE LE RESTE DU MONDE DE DÉVELOPPER DES CANCERS À UN JEUNE ÂGE.

FSHHiiiiiii
Recherche
Boucher

Boucherl
V.BOUCHER
Valérian Bouch
SUIVRE
SUZ.LEB
Suzanne Boucher
SUIVRE
BOUCHERBENOO
Benoît Boucher
SUIVRE
TheButcher
Théo Boucher
SUIVRE
Val.BCHR
Valentine Boucher
SUIVRE
MELBoucher
Mélanie Boucher
SUIVRE
Bart.Boucher
TheButcher
Théo Boucher
TheButcher
Théo Boucher
Suivre

TheButcher
Théo Boucher
SUIVRE
19 PUBLICATIONS 76 FOLLOWERS
CLIC
FOLLOWERS
BABYPINCEMIN
CloPCMN04
Cavagne killa
THBTHBT
Brigitte02
JoThib9
CLIC
CLIC CLIC
CLIC
CLIC
TIENS, BONJOUR, VOUS !

25 J'aime
#LAMIF
MmPNCMN BANDE DE PETITS JOUEURS ! JE VOUS RAPPELLE QUE NOUS ON EST 10 !
56 J'aime
CLIC
Bert.DUPRAY UNE BELLE BROCHETTE D'UTÉRUS !
Vivi.THIBOUT
PinceMoi99
Blanche DLH
CLIC
BéDréau
ÇA VA VITE, LA VIE POUR TOI...
BACCALAURÉAT
#MENTIONBIEN
A.THIBOUT
BLANCHEDLH
Blanche DLH
A.Thibout
Secte consanguine ou bande de potes inséparables ??

1 Ⓐ
Va trinquer à ma
mémoire la où
tout a commencé…
Quand tu reviendras,
tu pourras lire la 1B.

CAFÉ
DE L'ÉGLISE
111 RUE MONGE
75005 - PARIS
MONGE

MÊME MORT TU PEUX PAS T'EMPÊCHER DE PICOLER.
TU M'EN VOUDRAS PAS, MAIS MOI JE VAIS TRINQUER AU CHAMPOMY.
PARCE QUE TU LE SAIS PEUT-ÊTRE PAS, MAIS TU VAS ÊTRE PAPY…
CLAC..

CAFÉ DE L'ÉGLISE
CAFÉ DE L'ÉGLISE

AFE DE L
VOUS AVEZ DU CHAMPOMY ?
NON, MAIS J'AI DU JUS DE POMME. ÇA IRA ?
JE M'EN CONTENTERAI.

MERCI, J'AI UN AUTRE TRUC BIZARRE À VOUS DEMANDER...
VOUS AVEZ DÉJÀ VU CET HOMME, EN PLUS VIEUX ?
PARCE QU'IL M'A INVITÉE ICI ET JE NE SAIS PAS POURQUOI...

IL EST VENU ASSEZ SOUVENT CES DERNIÈRES ANNÉES.
IL S'ASSEYAIT LÀ, EXACTEMENT À VOTRE PLACE, ET IL TRAVAILLAIT TOUT L'APRÈS-MIDI SUR DE VIEUX LIVRES.
JE M'EN SOUVIENS BIEN PARCE QU'IL N'AVAIT PAS VRAIMENT L'AIR D'UN PROF OU D'UN TRUC DU GENRE, IL ME FAISAIT PLUS PENSER À UN BÛCHERON.
D'AILLEURS, MAINTENANT QUE VOUS M'EN PARLEZ, JE RÉALISE QUE ÇA FAIT LONGTEMPS QUE JE NE L'AI PAS VU... IL ME MANQUE PRESQUE !
Vieux livre
Vieux livres

ÉGLISE St-MÉDARD
ÉGLISE St-MÉDARD
MAINTENANT, CES FLAGELLANTS, JE NE SAIS PAS CE QU'ILS FLAGELLAIENT, MAIS ENFIN...
C'EST LOIN, L'ÉGLISE SAINT-MÉDARD ?
C'EST VOTRE TRUC, LES QUESTIONS, ON DIRAIT...

BON. VOUS VOYEZ LE SQUARE, LÀ ?
EH BIEN, C'EST JUSTE DERRIÈRE.

Né en 1690,
fils d'un conseiller au Parlement, François de Pâris s'était retiré dans une maison du faubourg Saint-Marcel pour y mener une vie d'austérité consacrée aux pauvres du quartier. Lorsqu'il mourut d'épuisement, le 1er mai 1727, l'événement fit grand bruit. Les jansénistes, dont il avait partagé les opinions et qui, à cette époque, souffraient de l'application de la bulle « Unigenitus », profitèrent de cette disparition pour venir manifester sur sa tombe. L'affluence dura cinq années au cours desquelles on ne parlait que de guérisons miraculeuses opérées sur le tombeau du diacre. Des scènes d'hystérie collective et de convulsions fréquentes et contagieuses touchèrent hommes et femmes. Les convulsionnaires s'organisèrent avec des chefs, des règlements, et se divisèrent en plusieurs sectes. Tant et si bien que le cimetière fut fermé par ordonnance royale du 27 janvier 1732 et l'archevêque de Paris interdit le culte du diacre Pâris. Ainsi, sur la porte du cimetière, un facétieux put clouer ce distique :
« De par le roi, deffence à Dieu
de faire miracle en ce lieu. »
Google
JANSENIZS
JANSENISME DEF
JANSENISME WIKI
JANSENIUS
TIP
TIP
TIP
TIP
TIP

LE Jansénisme
POUR LES NAZES
LE JANSÉNISME EST UN COURANT RELIGIEUX QUI S'EST DÉVELOPPÉ AU XVIIE SIÈCLE DANS LE SILLAGE DES ÉCRITS DE SAINT AUGUSTIN SUR LA GRÂCE.
IL DOIT SON NOM À UN ÉVÊQUE, CORNELIUS JANSEN. CELUI-CI A DÉVELOPPÉ LES RÉFLEXIONS DE SAINT AUGUSTIN POUR EN ARRIVER À LA CONCLUSION QUE LA GRÂCE DE DIEU, INDISPENSABLE AU SALUT DE L'ÂME HUMAINE, EST ACCORDÉE OU REFUSÉE À L'AVANCE.
LES ACTIONS DES INDIVIDUS, QU'ELLES SOIENT BONNES OU MAUVAISES, NE PEUVENT PAS INFLUER SUR LA DÉCISION DIVINE.
CEUX QUI SERONT SAUVÉS NE CONSTITUENT QU'UN TOUT PETIT GROUPE D'ÉLUS QUI DOIT VIVRE DANS LA CRAINTE ET MENER UNE VIE EXEMPLAIRE EN TOUS POINTS, POUR NE PAS SE VOIR RETIRER LA GRÂCE DE DIEU.
vieux livres
une secte janséniste ?
Miracle.

DOMICILE CONJUGAL

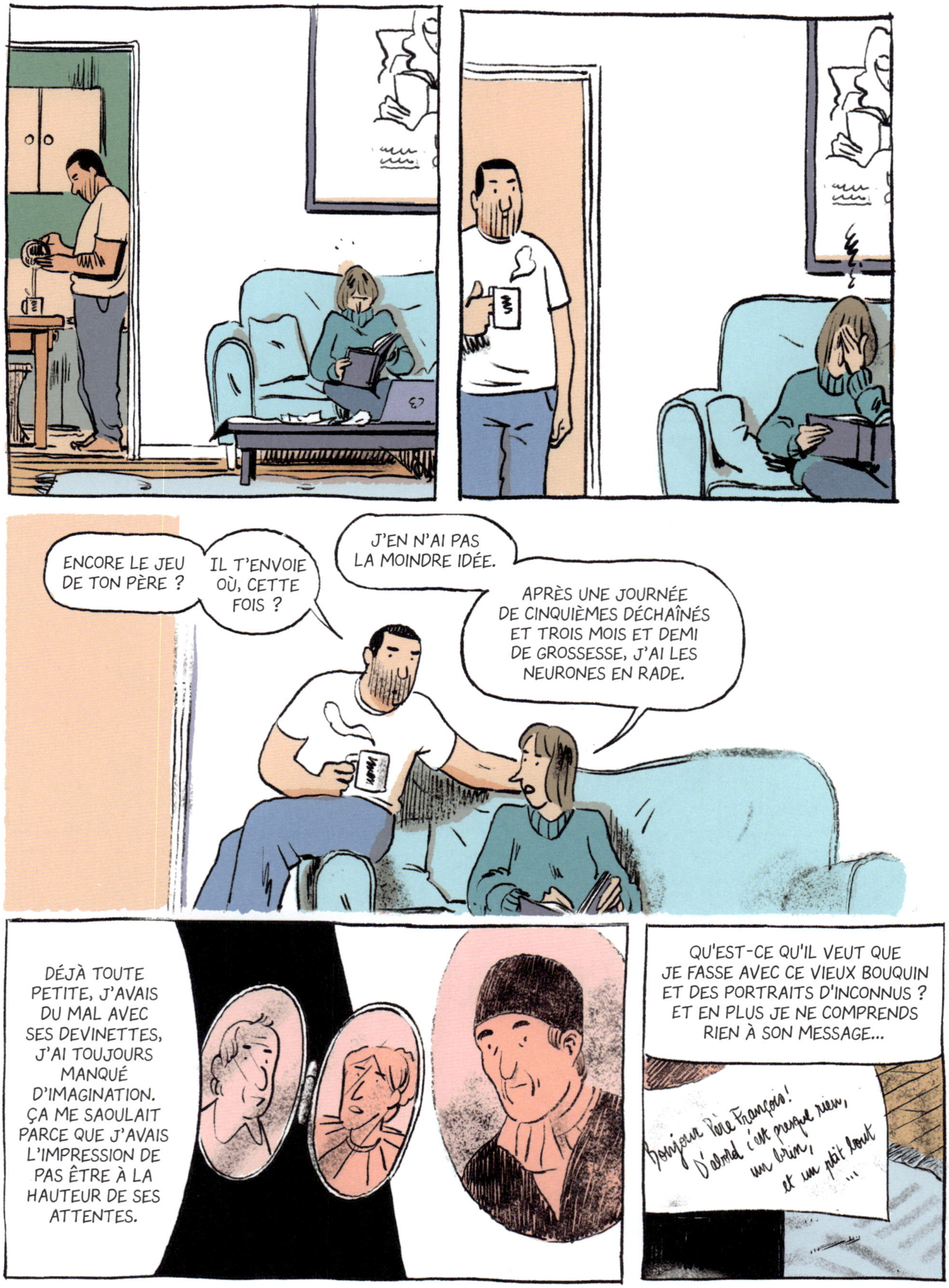
ENCORE LE JEU DE TON PÈRE ?
IL T'ENVOIE OÙ, CETTE FOIS ?
J'EN N'AI PAS LA MOINDRE IDÉE.
APRÈS UNE JOURNÉE DE CINQUIÈMES DÉCHAÎNÉS ET TROIS MOIS ET DEMI DE GROSSESSE, J'AI LES NEURONES EN RADE.
DÉJÀ TOUTE PETITE, J'AVAIS DU MAL AVEC SES DEVINETTES, J'AI TOUJOURS MANQUÉ D'IMAGINATION. ÇA ME SAOULAIT PARCE QUE J'AVAIS L'IMPRESSION DE PAS ÊTRE À LA HAUTEUR DE SES ATTENTES.
QU'EST-CE QU'IL VEUT QUE JE FASSE AVEC CE VIEUX BOUQUIN ET DES PORTRAITS D'INCONNUS ? ET EN PLUS JE NE COMPRENDS RIEN À SON MESSAGE...
Bonjour Père François ! D'abord c'est presque rien, un brin, et un p'tit bout ...

TU VEUX UN COUP DE MAIN ? J'ÉTAIS CHAMPION DU MONDE DE CHARADE, MOI.
VAS-Y, FAIS-TOI PLAISIR.
...
C'EST UN ENSEMBLE SUPER BIZARRE DE JOURNAUX INTIMES ET DE COURRIERS. LES PLUS VIEUX DATENT DE LA PÉRIODE RÉVOLUTIONNAIRE. ILS SONT TOUS AUSSI MYSTIQUES QUE FLIPPANTS.
Nos Mémoires
C'EST QUOI LE RAPPORT AVEC TON PÈRE ET TA FAMILLE ?
J'AIMERAIS BIEN LE SAVOIR.
Y A UNE LETTRE OÙ UN GARS EXPLIQUE À UN AUTRE QU'IL DEVRAIT ÊTRE SUPER CONTENT PARCE QUE SA PETITE SŒUR VIENT DE CLAQUER APRÈS AVOIR TRAVERSÉ TOUTE LA FRANCE PIEDS NUS, EN PLEIN HIVER, HISTOIRE D'EXPIER SES PÉCHÉS. ET SES PIEDS, ILS N'ÉTAIENT PAS SEULEMENT NUS, MAIS AUSSI PERCÉS, COMME LE CHRIST EN CROIX, TROP BIEN.
ET UNE AUTRE QUI PARLE D'UN GOSSE DE SIX ANS QUI DONNE DES GRANDS COUPS DE GOURDIN À DES PETITES FILLES AU NOM DE DIEU.
JE TE PASSE LES MOUTONS EN SANG ET LES MÉTAPHORES DOUTEUSES DU GENRE « CHÂTEAUX DE CHAIR ». JE NE SUIS PAS SÛRE DE VOULOIR SAVOIR CE QUE ÇA A À FAIRE AVEC MON HISTOIRE, CE TRUC.
T'AS VU QUE C'EST SOULIGNÉ ?
Père François. B
AH NON, J'AVAIS PAS REMARQUÉ. ET C'EST CENSÉ M'ÉCLAIRER ?

REGARDE, ON RETROUVE LA MÊME SIGNATURE LÀ, ET LÀ. ICI ENCORE...
IL EST VRAIMENT PARTOUT DANS CE LIVRE !
J'Y SUIS, C'ÉTAIT SIMPLE COMME BONJOUR !
PARDON ?
BONJOUR, PÈRE FRANÇOIS... TU SAISIS ?
ATTENDS, J'ESSAYE, AU POINT OÙ ON EN EST...
BINGO !
Wikipédia
FRANÇOIS BONJOUR, PÈRE FRANÇOIS BONJOUR, PRÊTRE JANSÉNISTE DE LA FIN DU XVIIIE SIÈCLE.
AVEC SON FRÈRE, ILS ORGANISENT DE VÉRITABLES SÉANCES DE TORTURE ET D'AUTOMUTILATION DANS LEUR ÉGLISE ET ILS APPELLENT ÇA DES SECOURS. CHARMANT.
ILS PERCENT DES PIEDS, COMME LA SŒUR DE LA LETTRE... ILS SE DONNENT DES COUPS...
... AH, ET FRANÇOIS BONJOUR A CRUCIFIÉ UNE FEMME DANS SON ÉGLISE.
BON, APRÈS, LES DEUX FRANGINS ONT ÉTÉ CHASSÉS DE LEUR VILLAGE ET ILS ONT TROUVÉ REFUGE À PARIS.
ILS VENAIENT D'OÙ ?
FAREINS. JAMAIS ENTENDU PARLER.

MOI SI.
QUAND J'ÉTAIS PAS SAGE, MON PÈRE ME MENAÇAIT DE M'AMENER À FAREINS, JE COMPRENDS MIEUX, MAINTENANT.
ATTENDS, C'EST PAS TOUT. À PARIS, LE FRANÇOIS A EU DES ENFANTS AVEC DEUX FEMMES. ET IL A DÉCIDÉ QUE L'UN DE SES GOSSES ÉTAIT LA RÉINCARNATION DU PROPHÈTE ÉLIE, OU DU MESSIE, OU LES DEUX, C'EST PAS TRÈS CLAIR.
ET IL FÉDÈRE UN PETIT GROUPE DE CROYANTS AUTOUR DE L'ENFANT.
JE LA SENS MAL, LA SUITE DE L'HISTOIRE...
ET CES DEUX-LÀ ? AUX TENUES, CES PORTRAITS DOIVENT DATER DU TOUT DÉBUT DU XIXe SIÈCLE.
TU CROIS QU'ILS FONT PARTIE DE LA PETITE SECTE DES BONJOUR ?
SANS DOUTE ! ET JE CROIS MÊME QU'ON PEUT TROUVER LEURS NOMS.
TU TE MOQUES DE MOI ?
ON EN A DÉJÀ UN SUR LES DEUX.
JE NE TE SUIS PAS.
« P'TITS BOUTS », ÇA TE DIT RIEN ?
juste des p'tits bouts...
BON SANG MAIS C'EST BIEN SÛR, THIBOUT !
TU VOIS, QUAND TU VEUX...
ET POUR L'AUTRE ? ON N'A PAS D'INDICE...

TU CONNAIS LES SITES DE GÉNÉALOGIE ? C'EST LA PASSION DE MA GRAND-MÈRE, COMME ELLE A PERDU PRESQUE TOUTE SA FAMILLE DANS LES CAMPS, ELLE RÊVE DE SAVOIR D'OÙ ELLE VIENT.
C'EST PAS FACILE, PARCE QUE DES DREYFUSS, Y EN AVAIT BEAUCOUP EN ALSACE... BON, BREF, JE L'AI AIDÉE...
IL FAUT PROCÉDER PAR TÂTONNEMENTS. TU RENTRES LE NOM QUE TU CONNAIS ET TU ESSAYES DES NOMS ET DES PRÉNOMS EN FACE.
ON A DE LA CHANCE, DANS LE LIVRE IL Y A DES PRÉNOMS RARES QUI VONT PEUT-ÊTRE NOUS AIDER... ESSAYE VOLNY, VALMONT, WALSTEIN OU ÉMELIE, PAR EXEMPLE.
VIENS, ON COMMENCE PAR PINCEMIN.
TAP TAP TAP TAP
CLIC CLIC
GAGNÉ ! CE N'ÉTAIT PAS SI COMPLIQUÉ.
J'AI TROUVÉ UN WALSTEIN, UN VOLNY ET UN VALMONT PINCEMIN...
ILS ÉTAIENT FRÈRES ET TOUS ONT ÉPOUSÉ DES SŒURS THIBOUT. NOS PORTRAITS DOIVENT ÊTRE DEUX DE CEUX-LÀ, JE MISERAIS SUR WALSTEIN ET SA FEMME, ILS REVIENNENT SOUVENT DANS LE LIVRE...
ET PRESQUE TOUS LES MEMBRES DE CETTE CLIQUE SONT MORTS RUE DE MONTREUIL, JUSTE À CÔTÉ DE CHEZ NOUS.

ET JE SUPPOSE QU'ILS ONT UN RAPPORT AVEC MON PÈRE... TIENS, LÀ, IL Y A UN ARBRE GÉNÉALOGIQUE COMPLET. ÇA EN FAIT, DU MONDE...
LÀ, EN BAS, JEAN-MARC BOUCHER, 1959.
HELLO, PAPA...
BON, ÇA FAIT BEAUCOUP POUR CE SOIR, JE SORS PRENDRE L'AIR.
CLAC

BZZZ...
BIO - ÉPICERIE FINE

POP !
OH OH, ON EST GÂTÉS ! VOUS AVEZ UN TRUC À NOUS DEMANDER ?
NON, PLUTÔT UNE BONNE NOUVELLE À VOUS ANNONCER...
DANS CINQ MOIS, ON SERA TROIS !

MAZELTOV ! ÇA EXPLIQUE POURQUOI TU NE BOIS PLUS QUE DU THÉ LE SOIR APRÈS LE BOULOT, ON TROUVAIT ÇA BIZARRE...
ET VOUS SAVEZ SI C'EST UNE FILLE OU UN GARÇON ?
NON, C'EST UN PEU TÔT ENCORE. ET PUIS ON N'EST PAS SÛRS DE VOULOIR SAVOIR EN AVANCE, C'EST BIEN, LES SURPRISES, AUSSI.
TANT QUE TU SAIS QU'IL Y EN A UN SEUL, C'EST DÉJÀ BIEN... LA SEMAINE DERNIÈRE, Y A UNE MÈRE D'ÉLÈVE QU'EST VENUE À UNE RENCONTRE "PARENTS-PROFS" AVEC DEUX HORRIBLES JUMELLES D'UN AN, C'ÉTAIT L'ENFER... JE NE SAIS PAS COMMENT ELLE FAIT, DÉJÀ QU'ELLE EN A PLEIN D'AUTRES...
C'EST LA MÈRE DE BLAISE THIBOUT, 5E B ?
ELLE-MÊME.
LES JUMELLES, C'EST LES NUMÉROS 5 ET 6. ET LE NUMÉRO 7 DEVRAIT PLUS TARDER À ARRIVER, EN GÉNÉRAL C'EST UN TOUS LES DIX-HUIT MOIS, DEUX ANS MAX. ILS SONT TARÉS CES GENS-LÀ. C'EST PAS UNE VIE D'AVOIR AUTANT D'ENFANTS.
MAIS ILS SE DÉBROUILLENT, HEIN. LES GAMINS SONT BIEN SUIVIS, LES CARNETS SONT REMPLIS, LES DEVOIRS SONT FAITS, TOUT LE MONDE EST PROPRE ET BIEN NOURRI.

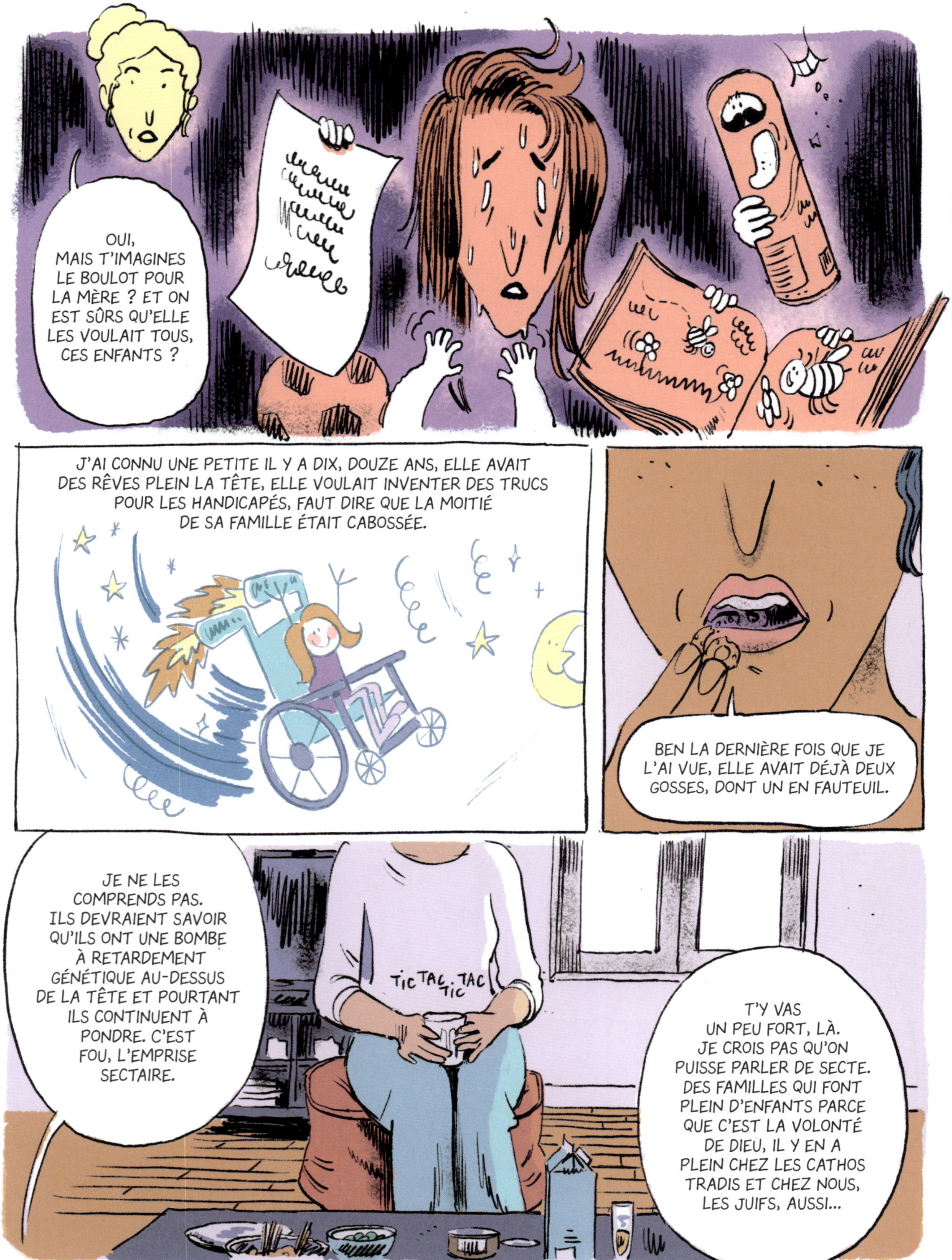
OUI, MAIS T'IMAGINES LE BOULOT POUR LA MÈRE ? ET ON EST SÛRS QU'ELLE LES VOULAIT TOUS, CES ENFANTS ?
J'AI CONNU UNE PETITE IL Y A DIX, DOUZE ANS, ELLE AVAIT DES RÊVES PLEIN LA TÊTE, ELLE VOULAIT INVENTER DES TRUCS POUR LES HANDICAPÉS, FAUT DIRE QUE LA MOITIÉ DE SA FAMILLE ÉTAIT CABOSSÉE.
BEN LA DERNIÈRE FOIS QUE JE L'AI VUE, ELLE AVAIT DÉJÀ DEUX GOSSES, DONT UN EN FAUTEUIL.
JE NE LES COMPRENDS PAS. ILS DEVRAIENT SAVOIR QU'ILS ONT UNE BOMBE À RETARDEMENT GÉNÉTIQUE AU-DESSUS DE LA TÊTE ET POURTANT ILS CONTINUENT À PONDRE. C'EST FOU, L'EMPRISE SECTAIRE.
TIC TAC TIC TAC
T'Y VAS UN PEU FORT, LÀ. JE CROIS PAS QU'ON PUISSE PARLER DE SECTE. DES FAMILLES QUI FONT PLEIN D'ENFANTS PARCE QUE C'EST LA VOLONTÉ DE DIEU, IL Y EN A PLEIN CHEZ LES CATHOS TRADIS ET CHEZ NOUS, LES JUIFS, AUSSI...

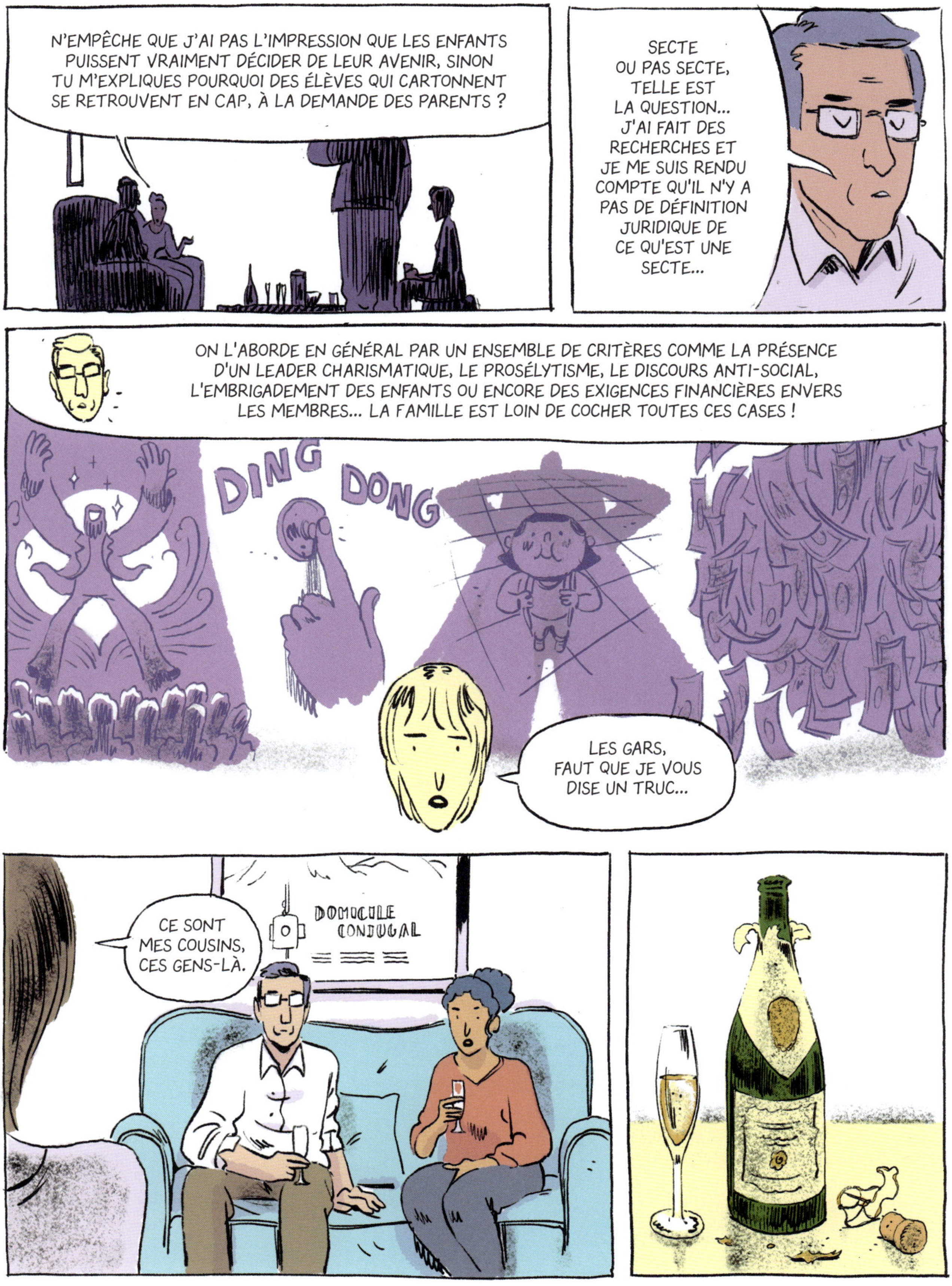
N'EMPÊCHE QUE J'AI PAS L'IMPRESSION QUE LES ENFANTS PUISSENT VRAIMENT DÉCIDER DE LEUR AVENIR, SINON TU M'EXPLIQUES POURQUOI DES ÉLÈVES QUI CARTONNENT SE RETROUVENT EN CAP, À LA DEMANDE DES PARENTS ?
SECTE OU PAS SECTE, TELLE EST LA QUESTION... J'AI FAIT DES RECHERCHES ET JE ME SUIS RENDU COMPTE QU'IL N'Y A PAS DE DÉFINITION JURIDIQUE DE CE QU'EST UNE SECTE...
ON L'ABORDE EN GÉNÉRAL PAR UN ENSEMBLE DE CRITÈRES COMME LA PRÉSENCE D'UN LEADER CHARISMATIQUE, LE PROSÉLYTISME, LE DISCOURS ANTI-SOCIAL, L'EMBRIGADEMENT DES ENFANTS OU ENCORE DES EXIGENCES FINANCIÈRES ENVERS LES MEMBRES... LA FAMILLE EST LOIN DE COCHER TOUTES CES CASES !
DING DONG
LES GARS, FAUT QUE JE VOUS DISE UN TRUC...
CE SONT MES COUSINS, CES GENS-LÀ.
DOMICILE CONJUGAL

Bouch
COUTELLERIE
BONJOUR.
BONJOUR, MADAME.
JE NE SAIS PAS SI VOUS VOUS SOUVENEZ DE MOI, MAIS JE SUIS VENUE IL Y A QUINZE JOURS AVEC UN VIEUX COUTEAU CABOSSÉ. VOUS DEVIEZ ME FAIRE UN DEVIS POUR UNE RÉPARATION.
ET, EUH, JE NE L'AI PAS REÇU.

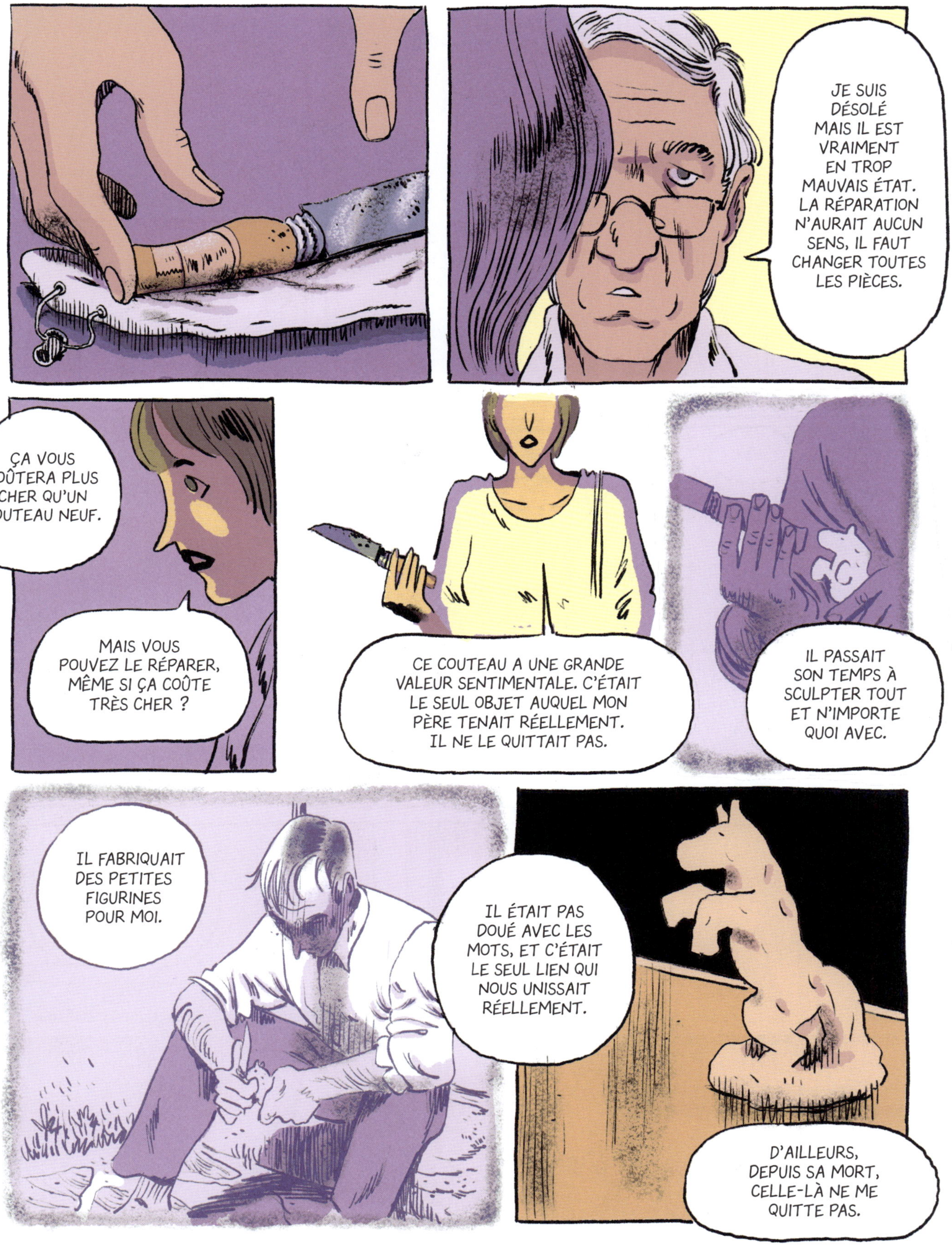

JE SUIS DÉSOLÉ MAIS IL EST VRAIMENT EN TROP MAUVAIS ÉTAT. LA RÉPARATION N'AURAIT AUCUN SENS, IL FAUT CHANGER TOUTES LES PIÈCES.
ÇA VOUS COÛTERA PLUS CHER QU'UN COUTEAU NEUF.
MAIS VOUS POUVEZ LE RÉPARER, MÊME SI ÇA COÛTE TRÈS CHER ?
CE COUTEAU A UNE GRANDE VALEUR SENTIMENTALE. C'ÉTAIT LE SEUL OBJET AUQUEL MON PÈRE TENAIT RÉELLEMENT. IL NE LE QUITTAIT PAS.
IL PASSAIT SON TEMPS À SCULPTER TOUT ET N'IMPORTE QUOI AVEC.
IL FABRIQUAIT DES PETITES FIGURINES POUR MOI.
IL ÉTAIT PAS DOUÉ AVEC LES MOTS, ET C'ÉTAIT LE SEUL LIEN QUI NOUS UNISSAIT RÉELLEMENT.
D'AILLEURS, DEPUIS SA MORT, CELLE-LÀ NE ME QUITTE PAS.

JE VOUDRAIS VRAIMENT VOIR CE COUTEAU RÉPARÉ, J'Y TIENS BEAUCOUP.
BON.
IL Y EN A POUR 100 EUROS ET C'EST PAS CHER PAYÉ. MAIS PUISQUE VOUS Y TENEZ TELLEMENT, JE VEUX BIEN FAIRE UN EFFORT.
EN ESPÈCES OU EN CHÈQUE, J'AI PAS LA CARTE.
MERCI.
MERCI.
MERCI !
VOUS M'APPELEZ QUAND C'EST PRÊT ? À BIENTÔT !

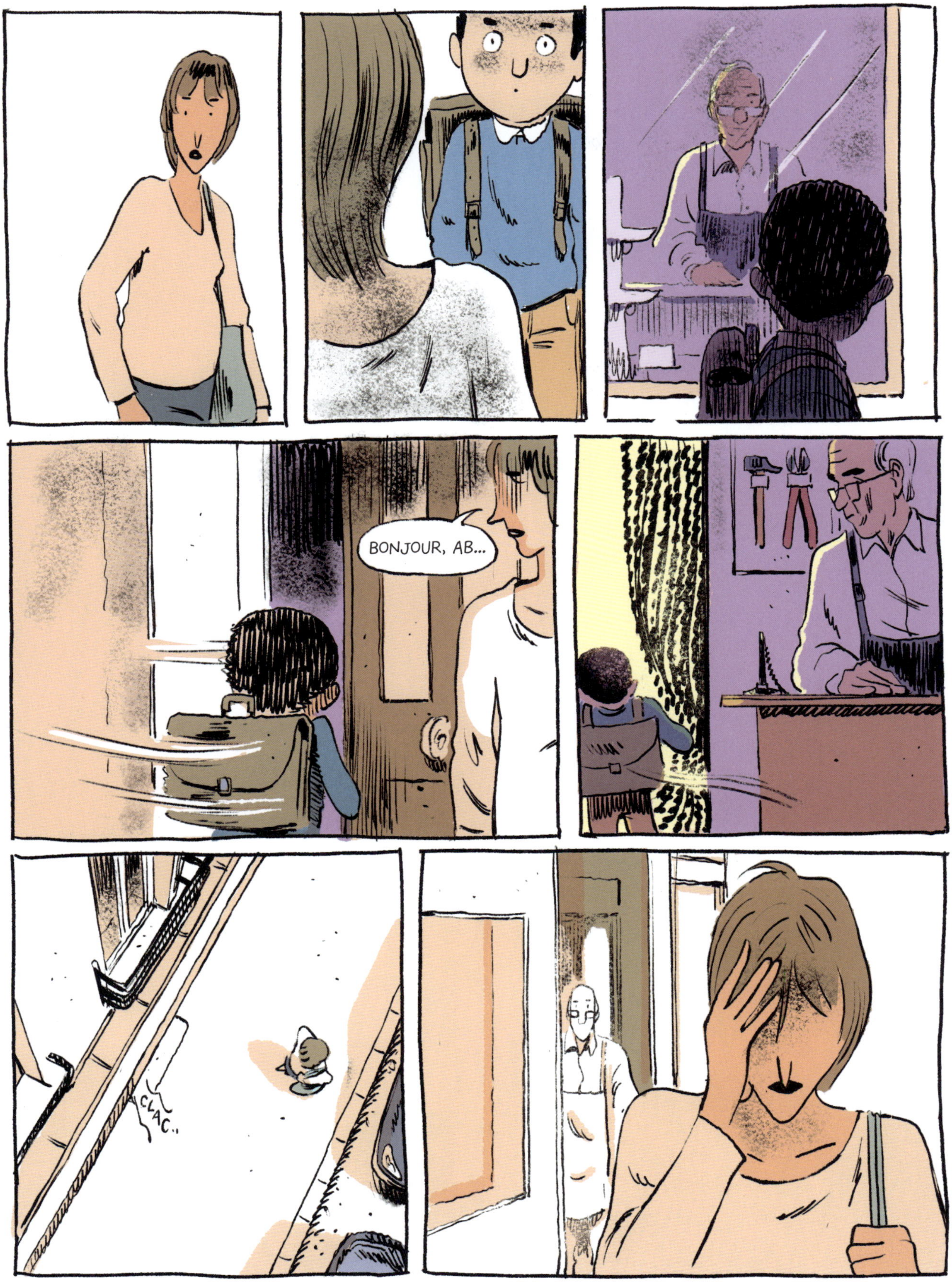
BONJOUR, AB...
CLAC..

BLUE NOTE
J'AI ÉTÉ NULLE AUJOURD'HUI.
JE SUIS ALLÉE CHEZ LE COUTELIER, TU SAIS, POUR LE CANIF DE MON PÈRE ?
ET LÀ-BAS, J'AI CROISÉ UN DE MES ÉLÈVES, C'EST SON PETIT-FILS.

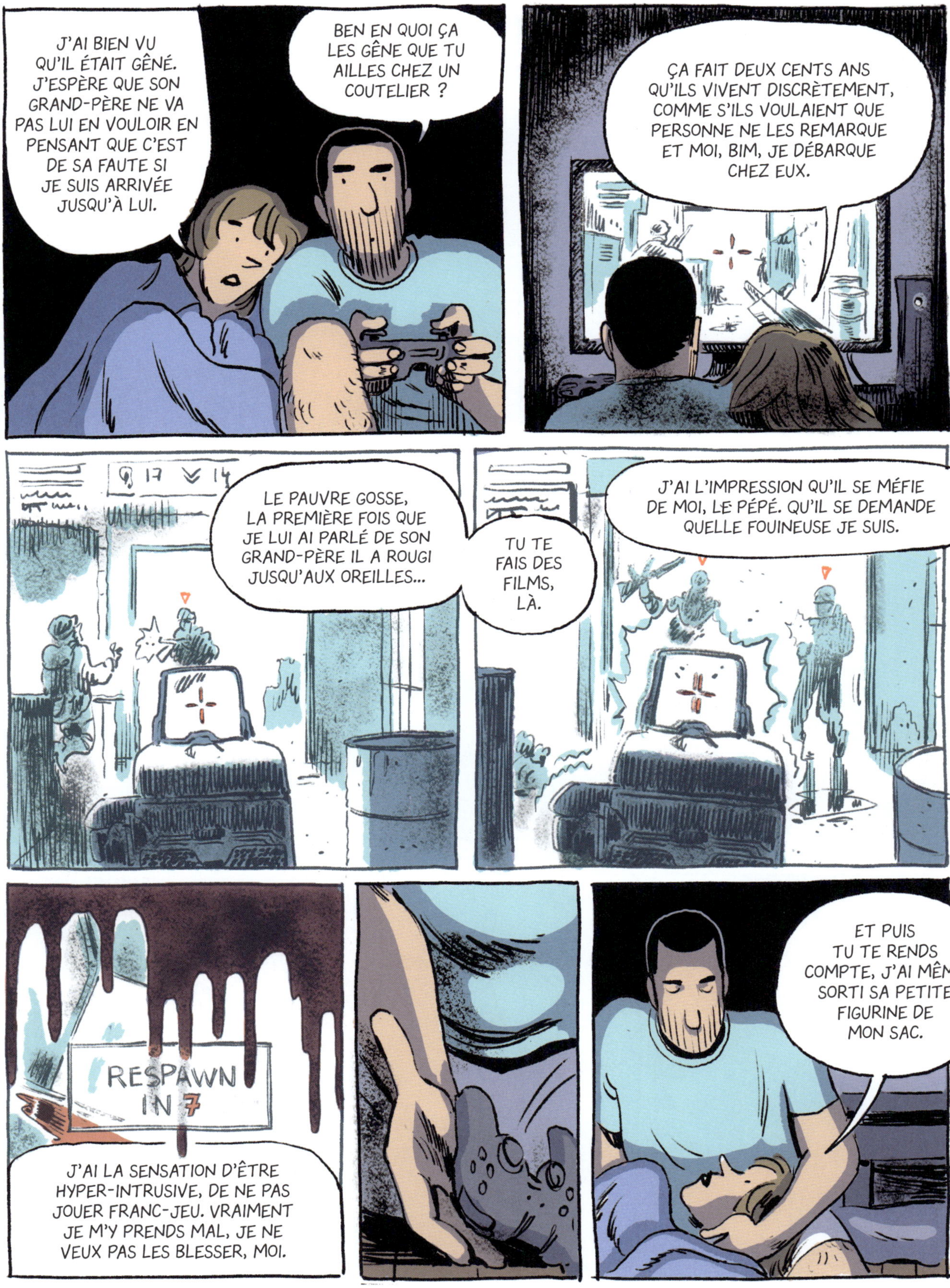
J'AI BIEN VU QU'IL ÉTAIT GÊNÉ. J'ESPÈRE QUE SON GRAND-PÈRE NE VA PAS LUI EN VOULOIR EN PENSANT QUE C'EST DE SA FAUTE SI JE SUIS ARRIVÉE JUSQU'À LUI.
BEN EN QUOI ÇA LES GÊNE QUE TU AILLES CHEZ UN COUTELIER ?
ÇA FAIT DEUX CENTS ANS QU'ILS VIVENT DISCRÈTEMENT, COMME S'ILS VOULAIENT QUE PERSONNE NE LES REMARQUE ET MOI, BIM, JE DÉBARQUE CHEZ EUX.
LE PAUVRE GOSSE, LA PREMIÈRE FOIS QUE JE LUI AI PARLÉ DE SON GRAND-PÈRE IL A ROUGI JUSQU'AUX OREILLES...
TU TE FAIS DES FILMS, LÀ.
J'AI L'IMPRESSION QU'IL SE MÉFIE DE MOI, LE PÉPÉ. QU'IL SE DEMANDE QUELLE FOUINEUSE JE SUIS.
RESPAWN IN 7
J'AI LA SENSATION D'ÊTRE HYPER-INTRUSIVE, DE NE PAS JOUER FRANC-JEU. VRAIMENT JE M'Y PRENDS MAL, JE NE VEUX PAS LES BLESSER, MOI.
ET PUIS TU TE RENDS COMPTE, J'AI MÊME SORTI SA PETITE FIGURINE DE MON SAC.

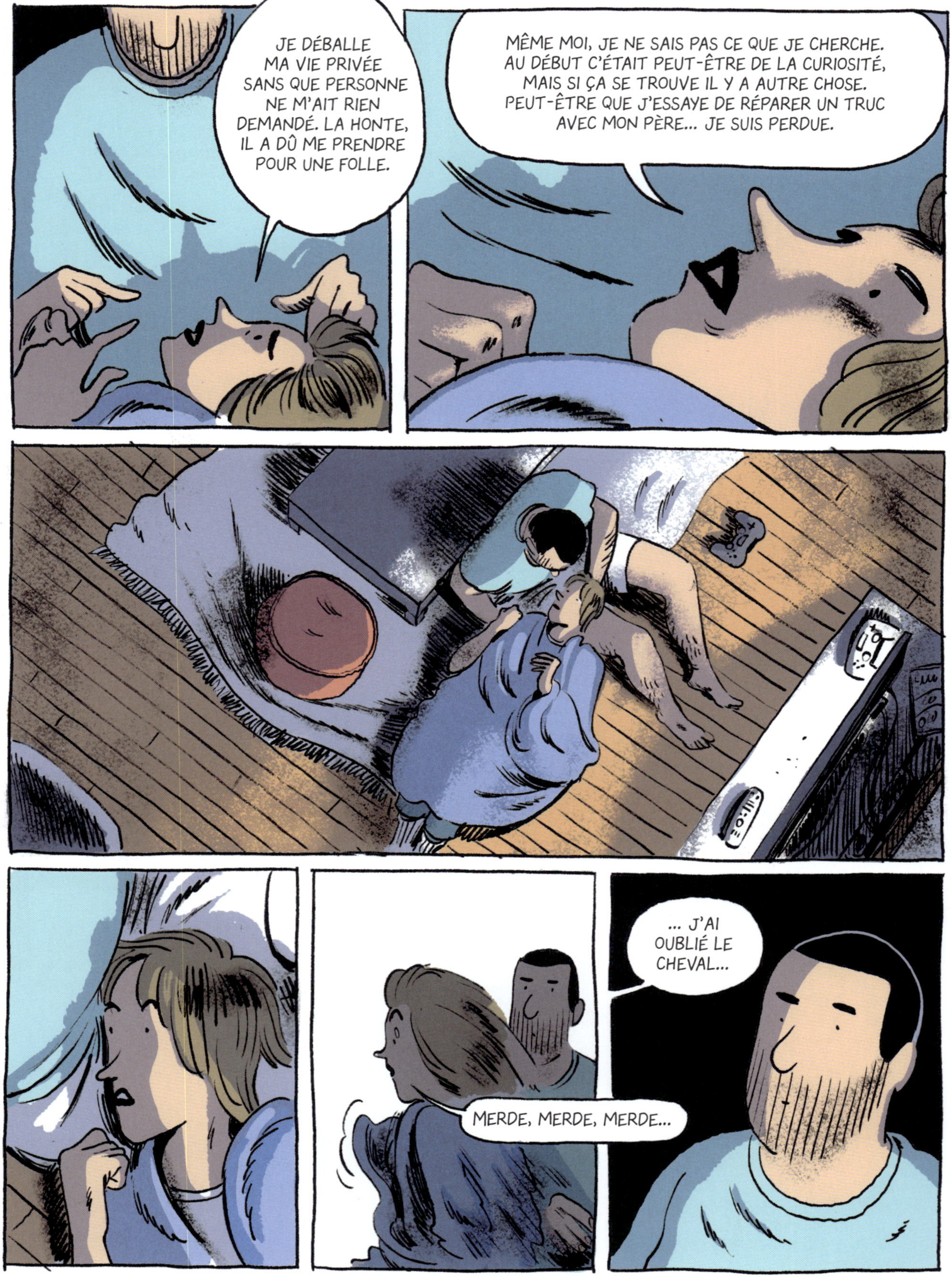
JE DÉBALLE MA VIE PRIVÉE SANS QUE PERSONNE NE M'AIT RIEN DEMANDÉ. LA HONTE, IL A DÛ ME PRENDRE POUR UNE FOLLE.
MÊME MOI, JE NE SAIS PAS CE QUE JE CHERCHE. AU DÉBUT C'ÉTAIT PEUT-ÊTRE DE LA CURIOSITÉ, MAIS SI ÇA SE TROUVE IL Y A AUTRE CHOSE. PEUT-ÊTRE QUE J'ESSAYE DE RÉPARER UN TRUC AVEC MON PÈRE... JE SUIS PERDUE.
... J'AI OUBLIÉ LE CHEVAL...
MERDE, MERDE, MERDE...

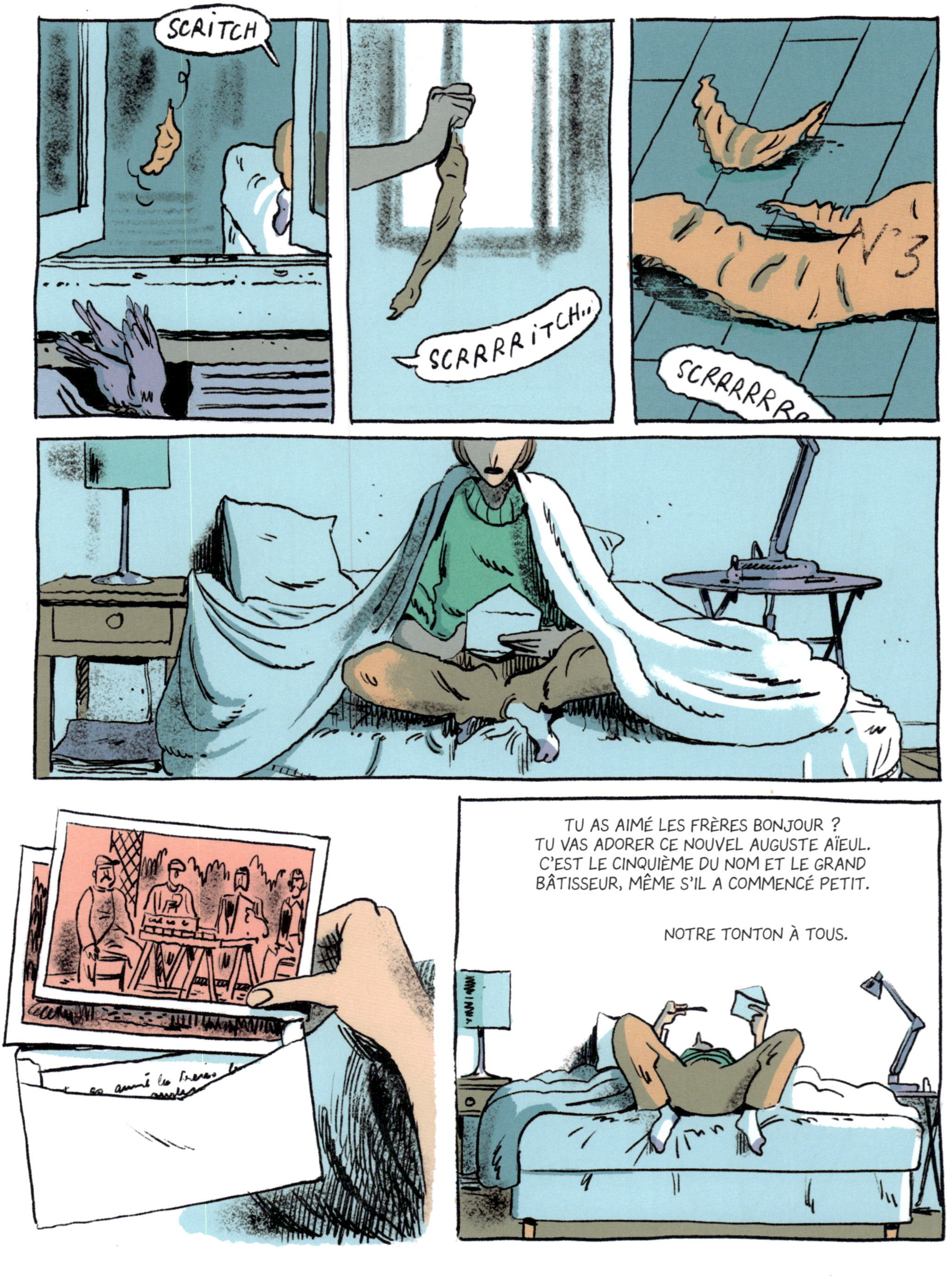
SCRITCH
SCRRRRITCH...
N°3
SCRRRRRRR
TU AS AIMÉ LES FRÈRES BONJOUR ? TU VAS ADORER CE NOUVEL AUGUSTE AÏEUL. C'EST LE CINQUIÈME DU NOM ET LE GRAND BÂTISSEUR, MÊME S'IL A COMMENCÉ PETIT.
NOTRE TONTON À TOUS.

25 Mars 1906
c'est celui de gauche, les autres sont Élisée Cavagne, Charles Boucher et Étienne Brin.
BON, CETTE FOIS-CI, CE N'EST PAS TROP COMPLIQUÉ, JE VAIS Y ARRIVER SEULE. AUGUSTE AÏEUL, ÇA VEUT DIRE QUE LE GARS DOIT S'APPELER AUGUSTE.
...
ESSAYONS AVEC UNE VARIANTE.
AUGUSTIN ?
VOILÀ QUI EST MIEUX.

DES AUGUSTIN THIBOUT, ON DIRAIT QU'IL Y EN A BEAUCOUP. IL EST OÙ LE CINQUIÈME ? MORT EN 1920 ? C'EST POSSIBLE.
TAP TAP TAP TAP TAP
DES ENFANTS ?
HOULA, PLEIN.
CE GARÇON-CI S'EST MARIÉ AVEC LA FILLE D'ÉLISÉE CAVAGNE. CETTE FILLE AVEC LE FILS D'ÉTIENNE BRIN.
ALORS, QU'EST-CE QU'IL A D'AUGUSTE CET AUGUSTIN ?

MAIS POURQUOI TU AVAIS BESOIN DE VENIR ICI ?
JE TE L'AI DÉJÀ DIT, JE VEUX VOIR LA MAISON DE LA CARTE POSTALE.
CELLE-LÀ.
T'INQUIÈTE, JE SAIS OÙ ON VA, J'AI TROUVÉ L'ADRESSE SUR SON ACTE DE DÉCÈS.

C'EST LA MAISON DE L'AUGUSTE AUGUSTIN, C'EST UN LIEU FONDATEUR POUR LA FAMILLE.
AVANT AUGUSTIN-AUGUSTE, LES THIBOUT, LES PINCEMIN, LES BOUCHER ET CONSORTS ÉTAIENT DÉJÀ PROCHES. MAIS AVEC LUI ILS ONT VRAIMENT FUSIONNÉ ET SE SONT...
C'EST LÀ, REGARDE !
BEN ÇA RESSEMBLE PAS À TA CARTE.
C'EST JUSTE QU'ILS ONT DÛ L'AGRANDIR. REGARDE, ON RECONNAÎT BIEN LES FENÊTRES DU REZ-DE-CHAUSSÉE.
BON OK. ET QUOI, MAINTENANT ? TU VAS PAS SONNER, NON ?
CERTAINEMENT PAS, D'AILLEURS ÇA A L'AIR FERMÉ. ET IL N'Y A PAS DE NOM SUR LA BOÎTE AUX LETTRES.
ICI NON PLUS, REMARQUE.

TIENS, ÇA COMMUNIQUE ! ET LES VOLETS DE CELLE-CI SONT EXACTEMENT LES MÊMES QUE CEUX DE LA SUIVANTE.
PAS DE NOM NON PLUS !
JE PEUX VOUS AIDER, VOUS CHERCHEZ QUELQU'UN ?
OUI, J'AI RENDEZ-VOUS AVEC UN COLLÈGUE QUI M'A DIT QU'IL HABITAIT LÀ, MAIS ÇA A L'AIR FERMÉ, JE VAIS L'ATTENDRE.
IL HABITE LÀ ? BEN C'EST BIZARRE, C'EST PAS UN ENDROIT OÙ ON HABITE, ICI.
IL FAIT PARTIE DE LA GRANDE FAMILLE, VOTRE COLLÈGUE ?
LA GRANDE QUOI ? JE NE SAIS PAS, C'EST JUSTE UN COLLÈGUE.
REMARQUEZ, ILS FONT CE QU'ILS VEULENT CES GENS-LÀ, ILS NE DÉRANGENT PERSONNE.
BON, DES FOIS ILS FONT DU BRUIT AVEC LEURS CÉRÉMONIES ET QUAND ILS SONT TOUS LÀ ON NE PEUT PLUS SE GARER, MAIS CE N'EST PAS BIEN GRAVE.

SINON, VOUS AVEZ REGARDÉ DANS LA RUE DERRIÈRE ? C'EST ENCORE CHEZ EUX, AUSSI, SI ÇA SE TROUVE, VOTRE COLLÈGUE VOUS ATTEND LÀ-BAS ?
TU VOIS QUELQUE CHOSE ?
C'EST IMMENSE, IL Y A UN GRAND JARDIN AVEC DES HANGARS AUTOUR, PLEIN DE GRANDES TABLES. TOUT A L'AIR FERMÉ.
MAIS C'EST PAS À L'ABANDON, LES PELOUSES SONT SUPER BIEN TONDUES ET LES ARBRES ONT ÉTÉ TAILLÉS RÉCEMMENT.

BON, TU VAS ME DIRE CE QU'ELLE A D'HISTORIQUE, CETTE MAISON ?
J'AI FAIT COMME TOI, LE BON ÉLÈVE, J'AI LU LE LIVRE QUE M'A TRANSMIS MON PÈRE. ET J'AI TROUVÉ PLEIN DE CHOSES SUR SON PROPRIÉTAIRE, L'AUGUSTE DONT JE TE PARLAIS TOUT À L'HEURE.
LA FAMILLE, IL L'A FUSIONNÉE ET IL L'A FERMÉE.
TU VEUX DIRE QUOI, PAR LÀ ?
C'EST À LUI QUE LA COMMUNAUTÉ DOIT SES 130 ANS DE CONSANGUINITÉ. IL A DÉCIDÉ QUE 8 NOMS DE FAMILLE, C'ÉTAIT BIEN SUFFISANT, QU'ILS ÉTAIENT ASSEZ NOMBREUX POUR CROÎTRE ET PROSPÉRER JUSQU'À LA FIN DES TEMPS.
MAIS C'EST PAS TOUT. DANS LE LIVRE J'AI TROUVÉ UNE LISTE DE COMMANDEMENTS QU'IL A ÉDICTÉS.

LA VIE QUOTIDIENNE SERA RYTHMÉE PAR LA PRIÈRE ET LES CANTIQUES, DÉDIÉS À UN DIEU IMPITOYABLE.
AU SEIN DE LA FAMILLE, LES ENFANTS IRONT LE MOINS POSSIBLE À L'ÉCOLE.
ON NE PORTERA NI BLANC DU DIVIN NI ROUGE DU MALIN.
ON NE VOTERA PAS. ON NE PARTIRA PAS EN VACANCES.
LES FILLES GARDERONT LES CHEVEUX LONGS POUR S'EN DRAPER À L'HEURE DE PARAÎTRE DEVANT L'ÉTERNEL.
ET SURTOUT, ON NE SE MARIERA QUE DANS LA FAMILLE, À VIE, SANS VOIE DE SORTIE.
ET ILS NE LUI EN VEULENT PAS ?
NON, ON DIRAIT MÊME QUE SA MAISON LEUR SERT DE POINT DE RALLIEMENT À TOUS... D'AILLEURS, JE SUIS SÛRE QUE SI JE RETOURNE SUR INSTA JE RETROUVERAI UN BOUT DE LA PROPRIÉTÉ DANS LES PHOTOS DES GAMINS QUE J'AI REPÉRÉES.

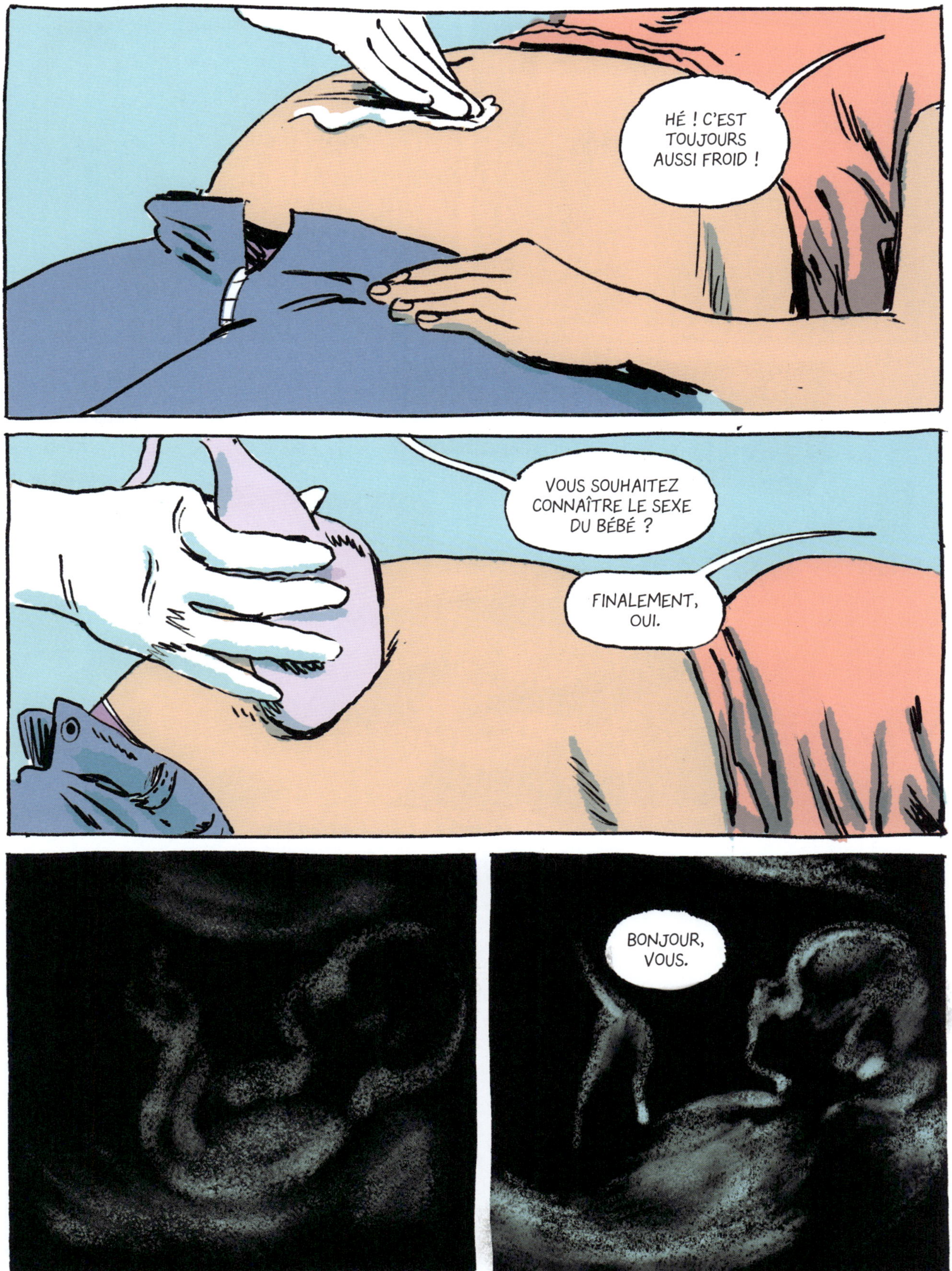
HÉ ! C'EST TOUJOURS AUSSI FROID !
VOUS SOUHAITEZ CONNAÎTRE LE SEXE DU BÉBÉ ?
FINALEMENT, OUI.
BONJOUR, VOUS.

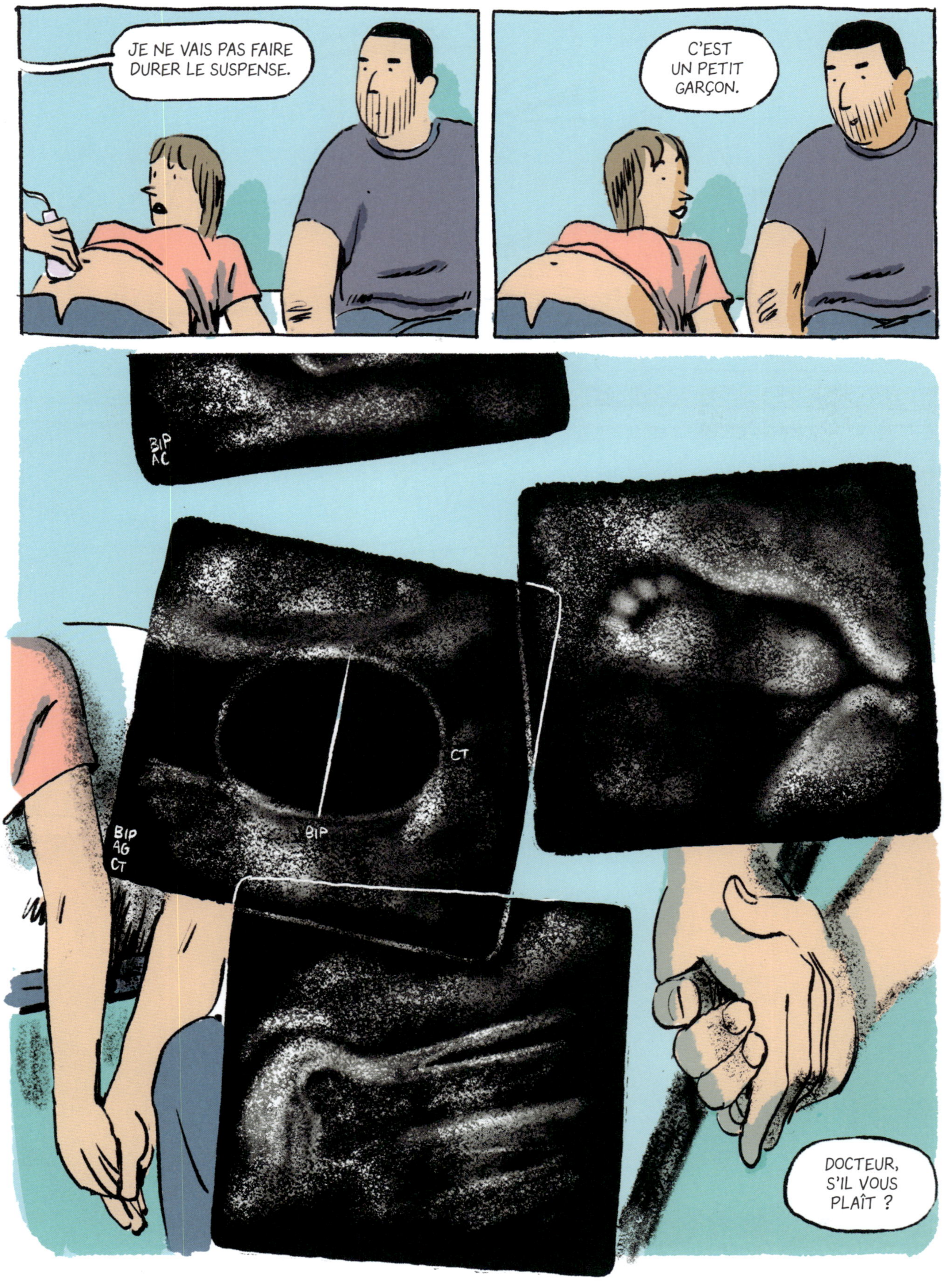
JE NE VAIS PAS FAIRE DURER LE SUSPENSE.
C'EST UN PETIT GARÇON.
BIP AC
BIP AG CT
BIP
CT
DOCTEUR, S'IL VOUS PLAÎT ?

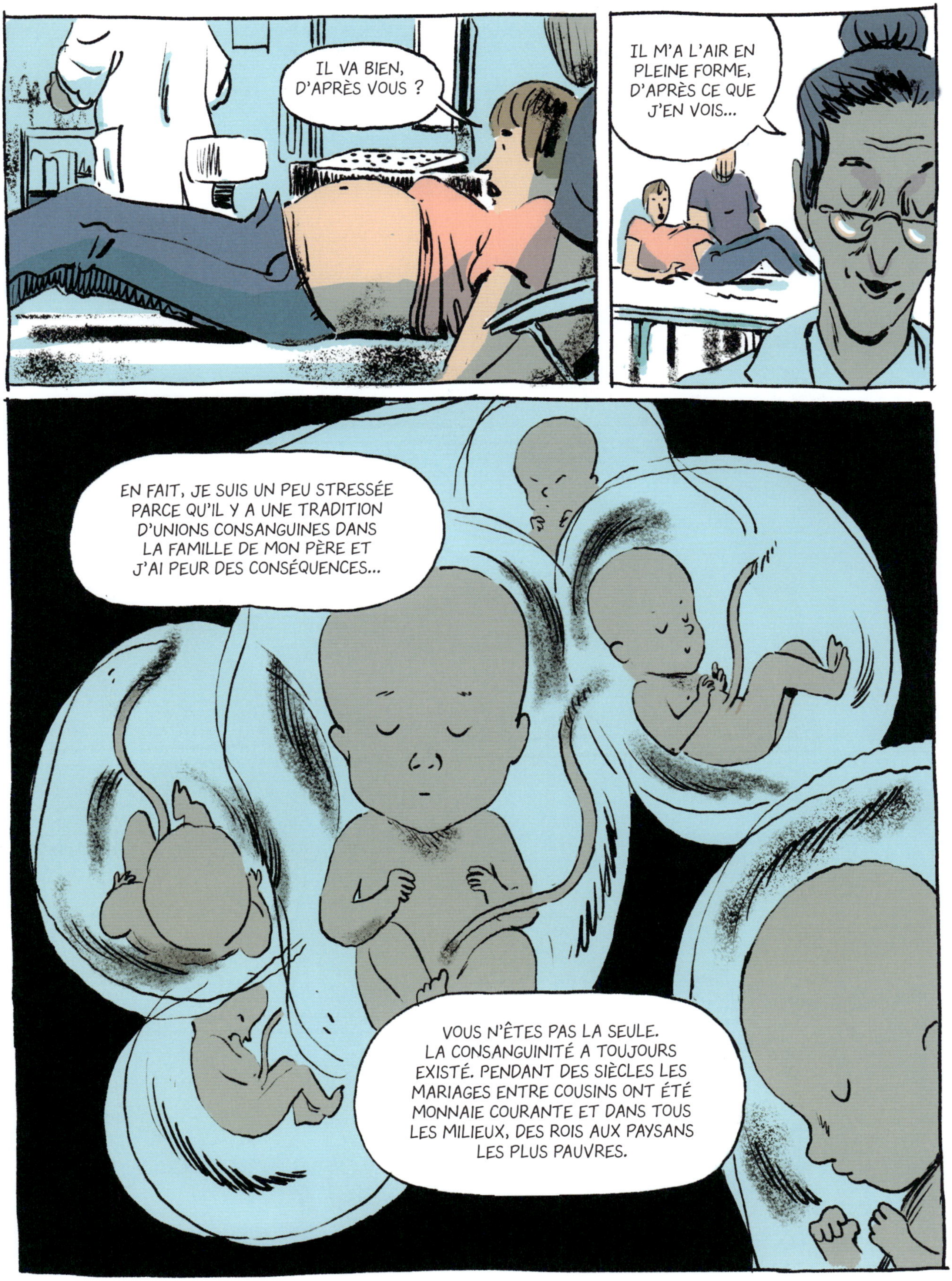
IL VA BIEN, D'APRÈS VOUS ?
IL M'A L'AIR EN PLEINE FORME, D'APRÈS CE QUE J'EN VOIS...
EN FAIT, JE SUIS UN PEU STRESSÉE PARCE QU'IL Y A UNE TRADITION D'UNIONS CONSANGUINES DANS LA FAMILLE DE MON PÈRE ET J'AI PEUR DES CONSÉQUENCES...
VOUS N'ÊTES PAS LA SEULE. LA CONSANGUINITÉ A TOUJOURS EXISTÉ. PENDANT DES SIÈCLES LES MARIAGES ENTRE COUSINS ONT ÉTÉ MONNAIE COURANTE ET DANS TOUS LES MILIEUX, DES ROIS AUX PAYSANS LES PLUS PAUVRES.

C'EST VRAI AUSSI CHEZ LES JUIFS D'ALSACE ! QUAND J'AI FAIT DES RECHERCHES GÉNÉALOGIQUES AVEC MA MÈRE, JE ME SUIS RENDU COMPTE QUE SUR MES 8 ARRIÈRE-GRANDS-PARENTS IL N'Y A QUE 3 NOMS DIFFÉRENTS, ÇA M'A FAIT BIZARRE !
SUPER, COMME ÇA CE BÉBÉ DESCEND NON PAS D'UNE, MAIS DE DEUX LIGNÉES CONSANGUINES !
IL NE FAUT PAS SE FAIRE DU MOURON. DANS LA TRÈS GRANDE MAJORITÉ DES CAS, LES BÉBÉS SONT PARFAITEMENT SAINS ! IL Y A PARFOIS DES SOUCIS, BIEN SÛR, MAIS ILS SONT RARES !
VOUS AVEZ DÉJÀ ENTENDU PARLER DU SYNDROME DE BLOOM ?
VOUS DESCENDEZ DE LA FAMILLE ?
VOUS CONNAISSEZ ?

MADAME, CELA FAIT TRENTE ANS QUE J'EXERCE DANS LE QUARTIER ; J'AURAIS EU DU MAL À PASSER À CÔTÉ DE CETTE HISTOIRE !
TOUS LES PROFESSIONNELS DE SANTÉ DU COIN CONNAISSENT LA FAMILLE, MÊME S'ILS ONT TENDANCE À TOUS CONSULTER LES MÊMES MÉDECINS...
ET ÇA POURRAIT SE VOIR À L'ÉCHOGRAPHIE ?
LE SYNDROME DE BLOOM ? LE SEUL INDICE QUI POURRAIT ÊTRE VISIBLE, C'EST UN BÉBÉ VRAIMENT TROP PETIT. PERSONNELLEMENT, JE N'EN AI JAMAIS CROISÉ. HEUREUSEMENT, PARCE QUE CE N'EST PAS DRÔLE, COMME PATHOLOGIE.
MAIS SUR CE PLAN, PAS D'INQUIÉTUDE : VOTRE BÉBÉ EST DANS LE HAUT DES COURBES !
REGARDEZ-MOI SES MAINS DE BÛCHERON.
COMME SON GRAND-PÈRE.

MERCI DE M'AVOIR APPELÉE, JE NE M'ÉTAIS MÊME PAS RENDU COMPTE QUE JE L'AVAIS OUBLIÉ CHEZ VOUS.
BON. MAINTENANT VOUS ALLEZ ARRÊTER DE ME RACONTER DES BOBARDS ET ME DIRE CE QUE VOUS CHERCHEZ RÉELLEMENT.
JE NE VOUS AI PAS MENTI.

CE COUTEAU APPARTIENT BIEN À MON PÈRE. IL S'APPELAIT JEAN-JACQUES BOUCHER, VOUS L'AVEZ PEUT-ÊTRE CONNU, IL A GRANDI DANS LA FAMILLE.
C'ÉTAIT UNE FORTE TÊTE, UN REBELLE. IL EST PARTI FAIRE SA VIE AVEC UNE FEMME DE L'EXTÉRIEUR, MA MÈRE.
IL N'A PAS ÉTÉ UN PÈRE COMME LES AUTRES. PAS UN PÈRE FACILE, EN TOUT CAS.
IL AVAIT DES COLÈRES TERRIFIANTES, COMME SI QUELQUE CHOSE DE MONSTRUEUX S'EMPARAIT DE LUI. ET L'ALCOOL N'ARRANGEAIT RIEN.

PUIS, PAR MOMENTS, IL NE PARLAIT PAS PENDANT DES JOURS. OU ALORS IL PARTAIT UN BEAU MATIN AVEC UN VAGUE SAC À DOS, SON LIVRE ET SON COUTEAU ET ON NE LE VOYAIT PLUS DE LA SEMAINE.
POUR MA MÈRE C'ÉTAIT TRÈS DUR. ELLE ÉTAIT TENDUE ENTRE LA PEUR QU'IL NE REVIENNE JAMAIS ET CELLE QU'IL RÉAPPARAISSE.
ÇA L'A RENDUE MALADE...
MAIS PARFOIS, C'ÉTAIT UN AUTRE HOMME. QUAND ÇA LUI PRENAIT IL POUVAIT SE MONTRER DRÔLE ET TENDRE.

IL M'A APPRIS LA BEAUTÉ DES PETITES CHOSES ET LES JOIES DE LA CURIOSITÉ.
D'AILLEURS SI JE SUIS LÀ, C'EST DE SON FAIT. IL M'A LÉGUÉ UN DRÔLE DE JEU DE PISTE QUI M'A AMENÉE JUSQU'À VOUS.
IL NE M'AVAIT JAMAIS DIT D'OÙ IL VENAIT, DES ALLUSIONS VOILÉES PEUT-ÊTRE MAIS PAS PLUS.
ÇA M'A MANQUÉ, J'AVAIS L'IMPRESSION D'ÊTRE PRIVÉE DE RACINES. ET AVANT DE MOURIR IL A VOULU ME PERMETTRE DE RENOUER AVEC MES ORIGINES.
Salomé
JE NE SAIS PAS POURQUOI JE VOUS RACONTE ÇA... JE CROIS QUE ÇA AVAIT BESOIN DE SORTIR.
JE SUIS DÉSOLÉE SI JE VOUS AI DONNÉ L'IMPRESSION QUE JE ME MÊLAIS DE CE QUI NE ME REGARDE PAS...

JE L'AI BIEN CONNU, VOTRE PÈRE.
BIEN QU'ON S'APPELLE BOUCHER TOUS LES DEUX, NOUS N'ÉTIONS QUE DE LOINTAINS COUSINS. MAIS ON AVAIT PRESQUE LE MÊME ÂGE, ALORS ON SE VOYAIT SOUVENT.
IL AVAIT TOUT POUR ÊTRE HEUREUX, S'IL L'AVAIT VOULU.
UN SACRÉ ZOZO, EFFECTIVEMENT.
MAIS IL A CHOISI D'ALLER DANS LE MONDE ET IL S'Y EST PERDU. ET IL VOUS A ENTRAÎNÉES, VOUS ET VOTRE MÈRE, DANS SON ENFER.
JE VAIS M'Y METTRE, À VOTRE COUTEAU, VOUS L'AUREZ BIENTÔT.

EVOLUBED
AU FAIT, CE MATIN, AU LIEU DE CORRIGER LES RÉDACTIONS DES QUATRIÈMES, J'AI OUVERT UN NOUVEAU PLI DE MON PÈRE.
C'EST L'AVANT-DERNIER, ÇA FAIT BIZARRE DE SE DIRE QUE CE SERA BIENTÔT FINI. QU'APRÈS, IL SERA VRAIMENT PARTI...

UNE NOUVELLE ÉNIGME ? TU AS ENCORE BESOIN DE MOI ?
NON, ÇA IRA, JE PROGRESSE !
MAIS J'AI TOUT DE MÊME EU DU MAL POUR L'UN DES DEUX ÉLÉMENTS.
IL Y AVAIT QUOI DANS CELUI-CI ?
DANS LE PREMIER, UNE SÉRIE DE PHOTOS RÉCENTES ; UN INTÉRIEUR DE MAISON BRÛLÉE. J'AI RECONNU FACILEMENT LA MAISON D'AUGUSTE À LA COULEUR DES VOLETS ET À LA VUE AUX FENÊTRES.
UN FEU, TU DIS ?
OUI, ET PAS UN PETIT, LES MEUBLES ÉTAIENT EN PARTIE CALCINÉS. ET PUIS C'ÉTAIT SACCAGÉ AUSSI, IL Y AVAIT DE LA VAISSELLE BRISÉE PARTOUT, LES TABLES ET LES CHAISES RENVERSÉES COMME SI UNE TORNADE ÉTAIT PASSÉE PAR LÀ.
ET IL ÉTAIT DÛ À QUOI, CET INCENDIE ?

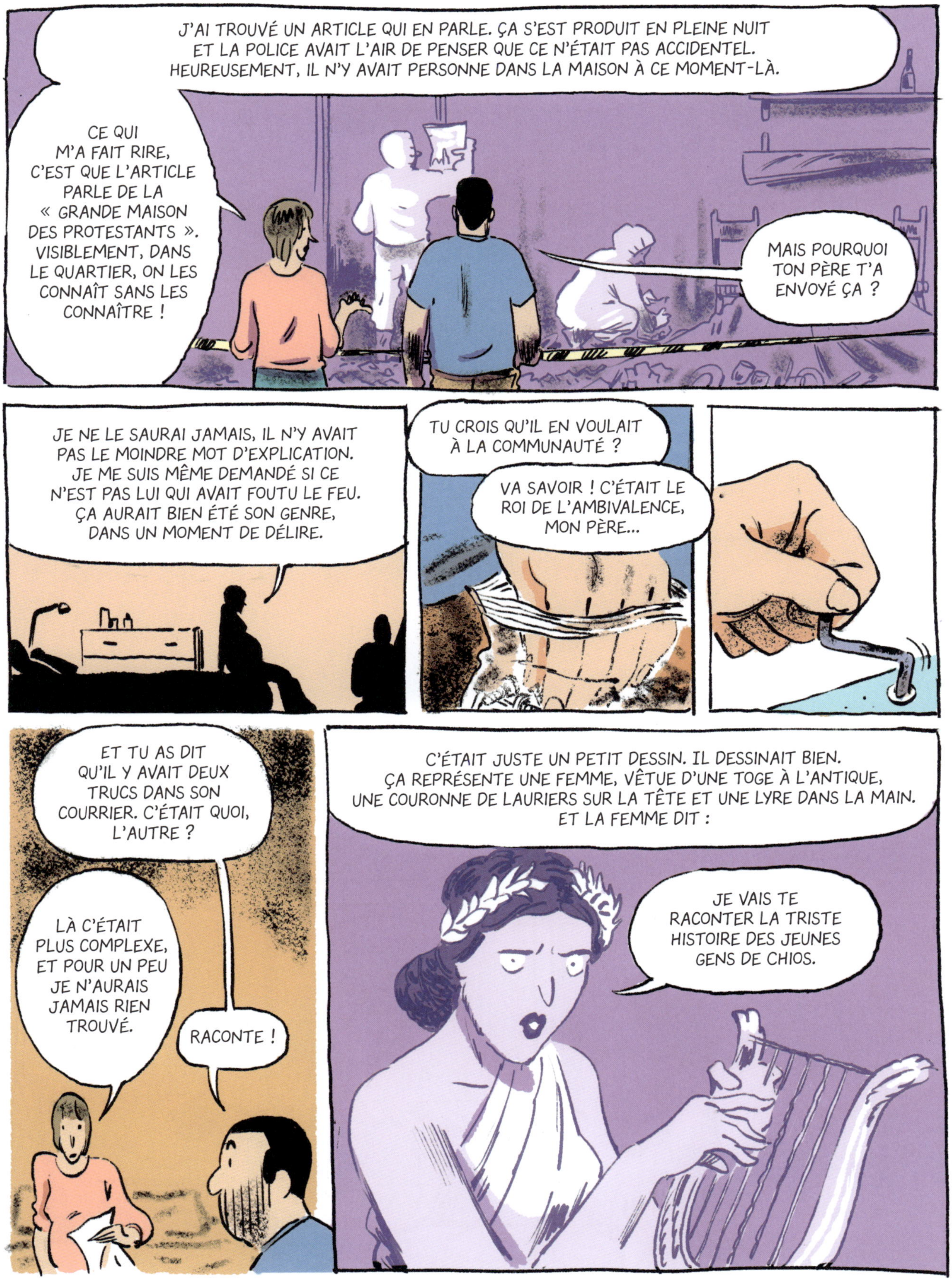
J'AI TROUVÉ UN ARTICLE QUI EN PARLE. ÇA S'EST PRODUIT EN PLEINE NUIT ET LA POLICE AVAIT L'AIR DE PENSER QUE CE N'ÉTAIT PAS ACCIDENTEL. HEUREUSEMENT, IL N'Y AVAIT PERSONNE DANS LA MAISON À CE MOMENT-LÀ.
CE QUI M'A FAIT RIRE, C'EST QUE L'ARTICLE PARLE DE LA « GRANDE MAISON DES PROTESTANTS ». VISIBLEMENT, DANS LE QUARTIER, ON LES CONNAÎT SANS LES CONNAÎTRE !
MAIS POURQUOI TON PÈRE T'A ENVOYÉ ÇA ?
JE NE LE SAURAI JAMAIS, IL N'Y AVAIT PAS LE MOINDRE MOT D'EXPLICATION. JE ME SUIS MÊME DEMANDÉ SI CE N'EST PAS LUI QUI AVAIT FOUTU LE FEU. ÇA AURAIT BIEN ÉTÉ SON GENRE, DANS UN MOMENT DE DÉLIRE.
TU CROIS QU'IL EN VOULAIT À LA COMMUNAUTÉ ?
VA SAVOIR ! C'ÉTAIT LE ROI DE L'AMBIVALENCE, MON PÈRE...
ET TU AS DIT QU'IL Y AVAIT DEUX TRUCS DANS SON COURRIER. C'ÉTAIT QUOI, L'AUTRE ?
LÀ C'ÉTAIT PLUS COMPLEXE, ET POUR UN PEU JE N'AURAIS JAMAIS RIEN TROUVÉ.
RACONTE !
C'ÉTAIT JUSTE UN PETIT DESSIN. IL DESSINAIT BIEN. ÇA REPRÉSENTE UNE FEMME, VÊTUE D'UNE TOGE À L'ANTIQUE, UNE COURONNE DE LAURIERS SUR LA TÊTE ET UNE LYRE DANS LA MAIN. ET LA FEMME DIT :
JE VAIS TE RACONTER LA TRISTE HISTOIRE DES JEUNES GENS DE CHIOS.

ET TU AS TROUVÉ QUELQUE CHOSE AVEC ÇA ?
OUI, ET ÇA PROUVE QUE MON PÈRE ME CONNAISSAIT PAR CŒUR.
QU'EST-CE QUE TU VEUX DIRE PAR LÀ ?
TU VOIS LE LIVRE QUE J'AI PRIS DANS LA MAISON APRÈS L'ENTERREMENT ?
LE VIEUX MACHIN GREC ?
LUI-MÊME. HÉRODOTE. C'ÉTAIT LE BOUQUIN FÉTICHE DE MON PÈRE, IL ME SAOULAIT AVEC QUAND J'ÉTAIS PETITE. JE NE COMPRENAIS RIEN, C'ÉTAIT LONG ET CHIANT. BREF.
EH BIEN ?
MON PÈRE A DÛ PARIER QUE JE LE RÉCUPÉRERAIS APRÈS SA MORT PARCE QUE SON DESSIN ME RENVOYAIT À LUI.
LES RÉCITS D'HÉRODOTE SONT ORGANISÉS PAR CHAPITRES QUI SONT CHACUN DÉDIÉS À UNE MUSE. LA FEMME À LA LYRE, C'EST ÉRATO, LA MUSE DE LA MUSIQUE. SIXIÈME CHAPITRE.
ET LÀ, EN CHERCHANT LE PASSAGE SUR LA VILLE DE CHIOS, J'AI TROUVÉ UN DE SES PETITS BRICOLAGES DONT IL AVAIT LE SECRET. IL A REMPLACÉ UNE PAGE DU LIVRE PAR UN FEUILLET MANUSCRIT, HYPER BIEN FAIT, INDÉTECTABLE À PREMIÈRE VUE.
ATTENDS.

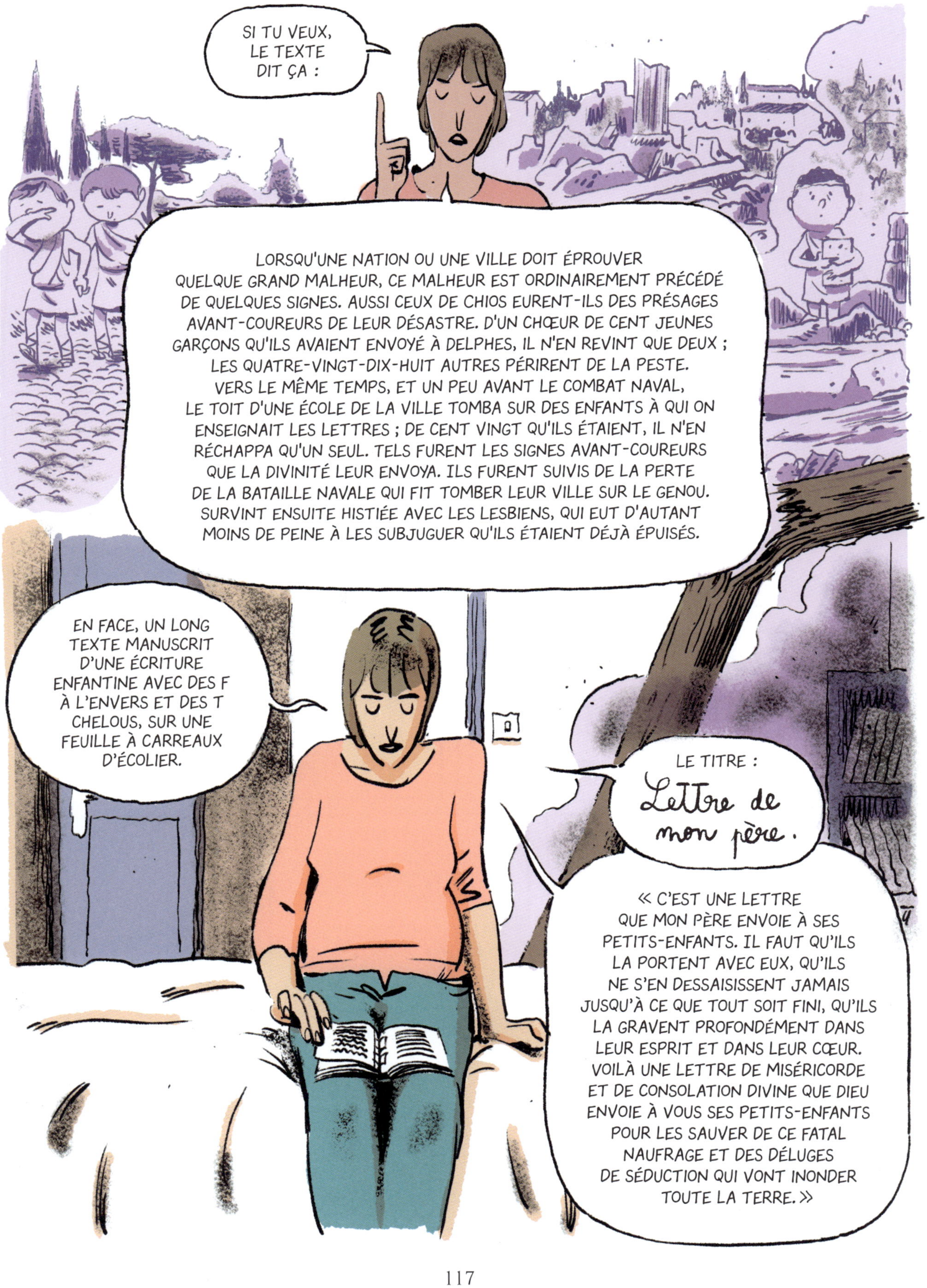
SI TU VEUX, LE TEXTE DIT ÇA :
LORSQU'UNE NATION OU UNE VILLE DOIT ÉPROUVER QUELQUE GRAND MALHEUR, CE MALHEUR EST ORDINAIREMENT PRÉCÉDÉ DE QUELQUES SIGNES. AUSSI CEUX DE CHIOS EURENT-ILS DES PRÉSAGES AVANT-COUREURS DE LEUR DÉSASTRE. D'UN CHŒUR DE CENT JEUNES GARÇONS QU'ILS AVAIENT ENVOYÉ À DELPHES, IL N'EN REVINT QUE DEUX ; LES QUATRE-VINGT-DIX-HUIT AUTRES PÉRIRENT DE LA PESTE. VERS LE MÊME TEMPS, ET UN PEU AVANT LE COMBAT NAVAL, LE TOIT D'UNE ÉCOLE DE LA VILLE TOMBA SUR DES ENFANTS À QUI ON ENSEIGNAIT LES LETTRES ; DE CENT VINGT QU'ILS ÉTAIENT, IL N'EN RÉCHAPPA QU'UN SEUL. TELS FURENT LES SIGNES AVANT-COUREURS QUE LA DIVINITÉ LEUR ENVOYA. ILS FURENT SUIVIS DE LA PERTE DE LA BATAILLE NAVALE QUI FIT TOMBER LEUR VILLE SUR LE GENOU. SURVINT ENSUITE HISTIÉE AVEC LES LESBIENS, QUI EUT D'AUTANT MOINS DE PEINE À LES SUBJUGUER QU'ILS ÉTAIENT DÉJÀ ÉPUISÉS.
EN FACE, UN LONG TEXTE MANUSCRIT D'UNE ÉCRITURE ENFANTINE AVEC DES F À L'ENVERS ET DES T CHELOUS, SUR UNE FEUILLE À CARREAUX D'ÉCOLIER.
LE TITRE : Lettre de mon père.
« C'EST UNE LETTRE QUE MON PÈRE ENVOIE À SES PETITS-ENFANTS. IL FAUT QU'ILS LA PORTENT AVEC EUX, QU'ILS NE S'EN DESSAISISSENT JAMAIS JUSQU'À CE QUE TOUT SOIT FINI, QU'ILS LA GRAVENT PROFONDÉMENT DANS LEUR ESPRIT ET DANS LEUR CŒUR. VOILÀ UNE LETTRE DE MISÉRICORDE ET DE CONSOLATION DIVINE QUE DIEU ENVOIE À VOUS SES PETITS-ENFANTS POUR LES SAUVER DE CE FATAL NAUFRAGE ET DES DÉLUGES DE SÉDUCTION QUI VONT INONDER TOUTE LA TERRE. »

C'EST MYSTIQUE, NON ?
POUR LE MOINS... ET LE PLUS TOUCHANT, C'EST QUE JE METTRAIS MA MAIN AU FEU QUE C'EST L'ÉCRITURE DE MON PÈRE ENFANT. JE ME SOUVIENS QU'IL FORMAIT SES F ET SES T DE MANIÈRE BIZARRE, ÇA ME FAISAIT HONTE QUAND IL ÉCRIVAIT DES MOTS AUX PROFS.
CET HOMME A PASSÉ SA VIE À FUIR LA COMMUNAUTÉ ET DANS LE MÊME TEMPS IL A CONSERVÉ CE TEXTE AVEC LUI.
TU PARLAIS D'AMBIVALENCE TOUT À L'HEURE ? ÇA ME DONNE L'IMPRESSION D'UN ÊTRE ÉCARTELÉ ENTRE LE REJET ET LE BESOIN D'APPARTENIR.
C'EST COMME S'IL N'ÉTAIT JAMAIS RÉELLEMENT PARTI, FINALEMENT. C'EST FOU, LA FORCE DE CE GROUPE...
IL A EU BEAU ESSAYER DE QUITTER LE NID, IL A TOUJOURS EU UN FIL À LA PATTE...
ÇA EXPLIQUE SANS DOUTE SES PÉTAGES DE PLOMB, MÊME SI ÇA N'EXCUSE RIEN...

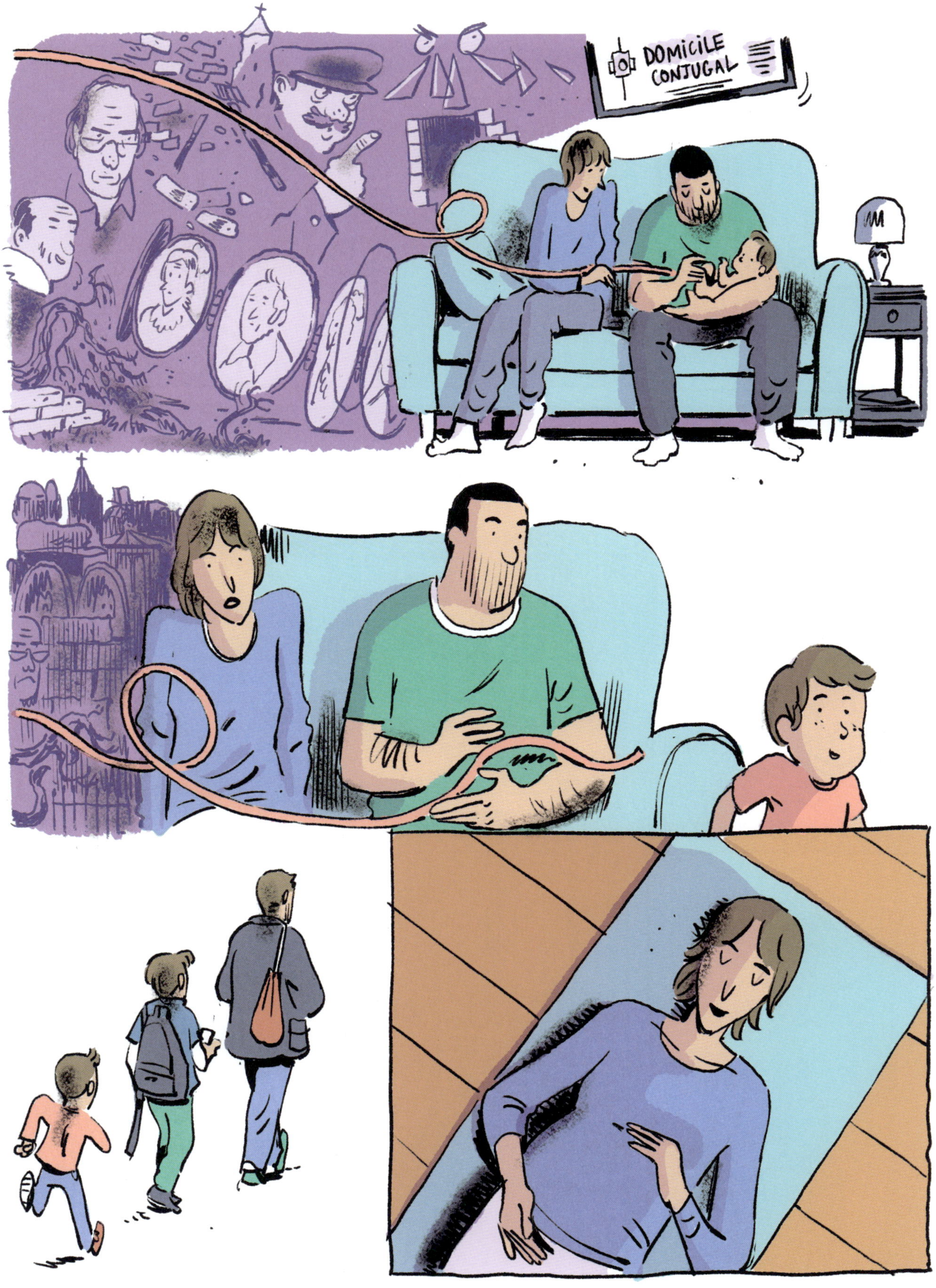
DOMICILE
CONJUGAL

METROPOLITAIN

BONJ...

ILLEBOURG
CLAC !
AU MOINS, ELLE NE PARTIRA PAS SEULE, LA MAMIE...
ELLE VA ME MANQUER.
ELLE CONNAISSAIT BEAUCOUP DE MONDE, ON DIRAIT...
DU MATIN AU SOIR, C'EST UN DÉFILÉ CONTINU...
AUJOURD'HUI C'EST LA FIN DE LA VEILLÉE, IL Y AURA MOINS DE MONDE. JE ME SOUVIENS POUR SON MARI, IL Y A MÊME EU LA QUEUE DANS L'ESCALIER.
C'ÉTAIT UNE PERSONNE CONNUE ?
NON, C'EST COMME ÇA À CHAQUE DÉCÈS, CHEZ CES GENS-LÀ. IL Y A TOUT LE BAN ET L'ARRIÈRE-BAN QUI RAPPLIQUENT.
DES FOIS C'EST TOUT JUSTE S'ILS CONNAISSAIENT LE MORT MAIS ILS VIENNENT TOUT DE MÊME LUI RENDRE VISITE.

JE TROUVE ÇA BEAU, EN FAIT. ILS CHANTENT ET TOUT.
SI J'ÉTAIS MORTE, ÇA ME FERAIT PLAISIR !
SURTOUT QU'ELLE N'A PAS EU LA VIE FACILE, MADAME BOUCHER. ELLE N'A EU QUE DES GARÇONS ET TOUS SE SONT ÉVAPORÉS IL Y A LONGTEMPS.
ILS ONT QUITTÉ LE GROUPE LES UNS APRÈS LES AUTRES, EMPORTANT LEURS ENFANTS. ET ELLE EST RESTÉE LÀ, AVEC SON MARI, PUIS TOUTE SEULE DANS SON GRAND APPARTEMENT. ELLE ÉTAIT SI GENTILLE, POURTANT...
MAIS VOILÀ, C'EST FINI. DEMAIN ON L'ENTERRE. ET IL N'Y AURA PLUS PERSONNE DE LA COMMUNAUTÉ DANS L'IMMEUBLE.
ET ÇA VA FAIRE UN VIDE.

tel 01 22 35 20 009 à Fleur... de Pot
GLINGILING...
TCHIC
TCHIC..
TCHIC

Hélène
Lenny
BEN
ELOPE
À bientôt
!!!
LUCAS
NASSIM
eline
Dimitri
Élisa
À bientôt

CROUNCH
ABEL, ATTENDS !
VIE SCOLAIRE
A bientot !!!

Boucher
VIENS, JE VAIS OUVRIR LE DERNIER PLI DE MON PÈRE.
J'AIMERAIS QUE TU SOIS LÀ.

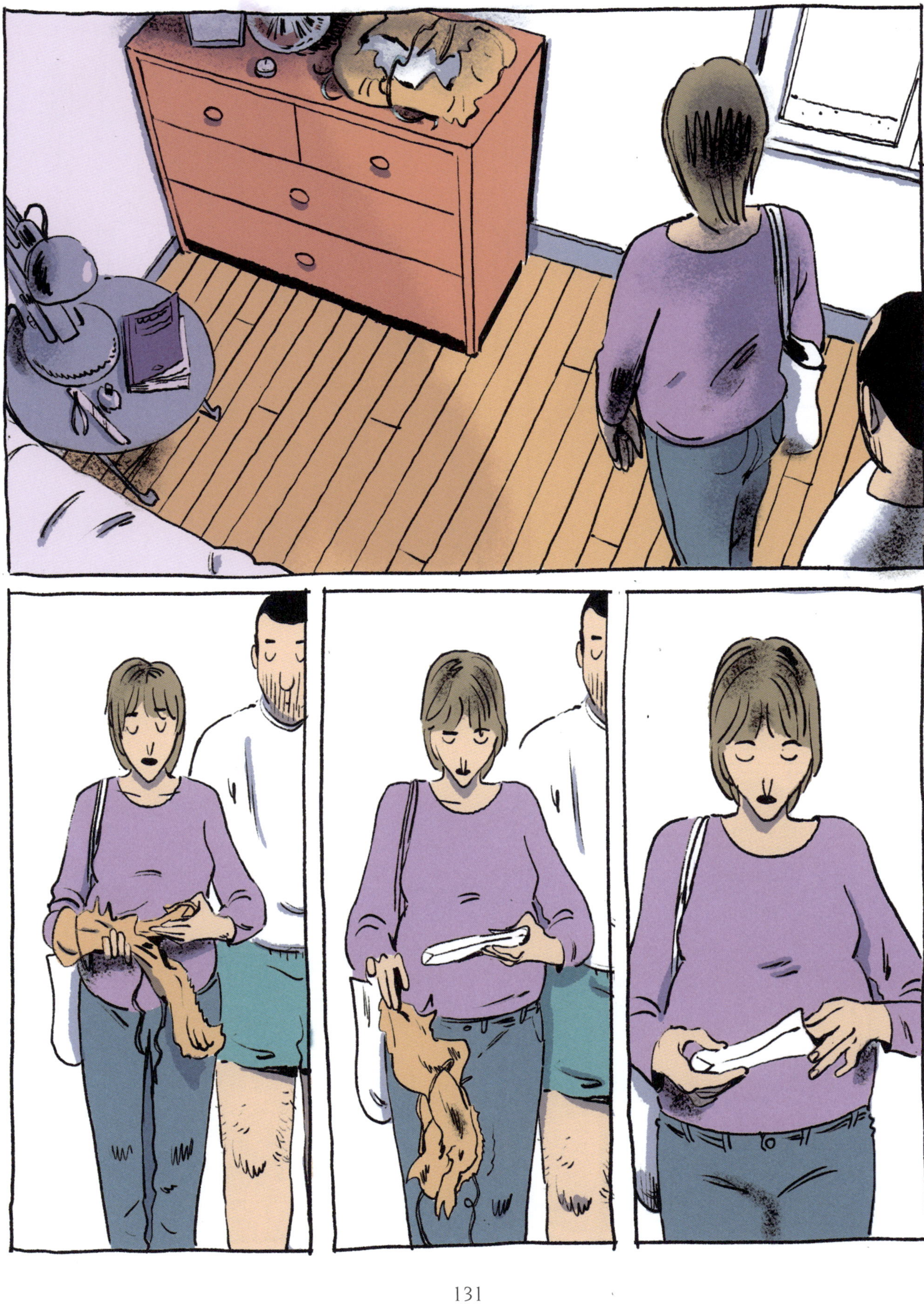

Salomé
Promesse tenue.
Pense à moi quelques fois.

Les extraits de podcasts cités aux **pages 32 à 34** sont issus de *La Fabrique de l'Histoire*, « Dissidences chrétiennes, épisode 2 : Du mystérieux kibboutz de Pardailhan à la communauté parisienne », diffusée sur France Culture le 18 avril 2017 ; « Reportage dans le village abandonné de Pardailhan près de Béziers où un groupe de Parisiens vit en communauté sur le modèle des kibboutz israéliens », par Jean-Claude Bringuier et Gilbert Larriaga. *Cinq colonnes à la une*, INA, 1961.

P. 45 : la citation est extraite de *Histoire* d'Hérodote, traduit du grec par Pierre-Henri Larcher, tome 1, livre 1, Charpentier, 1850.

p. 53 à 56 : les informations citées sont issues de *La Fabrique de l'Histoire*, « Dissidences chrétiennes, épisode 3 : Du mystérieux kibboutz de Pardailhan à la communauté parisienne », diffusée sur France Culture le 19 avril 2017.

p. 76-77 : thèse de doctorat de Serge Maury, Histoire d'un groupe convulsionnaire tardif à la fin du XVIIIe siècle : « *Les Fareinistes* » (Université Lyon III Jean-Moulin, 2014).

p. 84-85 : voir derives-sectes.gouv.fr et la note d'information de la Miviludes sur la communauté « La Famille » de Anne Josso, 4 juillet 2017.

p. 101-102 : informations issues d'archives privées.

p. 114-115, à propos de l'incendie : « La maison des protestants incendiée », *Le Parisien*, 11 juin 2013 ; « La salle de prière protestante incendiée », Le Parisien, 12 juin 2013 ; « Val-de-Marne : incendie criminel d'un lieu de culte protestant », riposte-catholique.fr, 12 juin 2013.

p. 117, case 1 : *Histoire* d'Hérodote, tome 2, livre 6, chapitre XXVII.

Je tiens à remercier tous mes cher.e.s ami.e.s de l'Atelier 207, Le gros chat orange, Pas moins de 20 000, pour cette superbe année pleine de rigolades, et de solidarité charbon.
Un immense merci à Alix et Suzanne pour leur accompagnement tout au long de cette couvade. Merci à papa pour le saucisson hebdomadaire. Merci à maman pour la cafetière qui m'a permis de finir cette bd à temps.

Tristan Garnier

Ce livre doit beaucoup à ceux qui ont accepté de me parler de leur histoire personnelle et de leur vision de la Famille. Leur patience, leur confiance et leur écoute ont été d'une grande aide.
Merci aussi à toutes celles qui m'ont aidé à passer de l'idée à l'envie et de l'envie à l'action.

Suzanne Privat

De la même scénariste, aux Éditions Les Avrils :
- *La Famille, itinéraires d'un secret*
- *Toxiques*

Du même dessinateur, aux Éditions Les Arènes :
- *L'incroyable Histoire de l'argent* - scénario de Simmat

Éditrice : Alix de Sanderval

Dépôt légal : septembre 2024. ISBN : 978-2-413-07750-3
Première édition

Conception graphique : Studio Delcourt/Soleil

Achevé d'imprimer en août 2024
Sur les presses de l'imprimerie Delabie-Lesaffre, à Mouscron, Belgique

www.editions-delcourt.fr